山西省交通运输厅科研计划项目“高职学生素质教育体系实践与研究”（项目编号：2005-1-28）

高职德育研究

冯玉梓　著

中国书籍出版社
China Book Press

图书在版编目（CIP）数据

高职德育研究/冯玉梓著．—北京：中国书籍出版社，2020.7

ISBN 978－7－5068－7959－0

Ⅰ.①高…　Ⅱ.①冯…　Ⅲ.①高等职业教育—德育工作—研究—中国　Ⅳ.①G711

中国版本图书馆 CIP 数据核字（2020）第 159062 号

高职德育研究

冯玉梓　著

责任编辑　李　新
责任印制　孙马飞　马　芝
封面设计　中联华文
出版发行　中国书籍出版社
地　　址　北京市丰台区三路居路 97 号（邮编：100073）
电　　话　（010）52257143（总编室）　（010）52257140（发行部）
电子邮箱　eo@ chinabp. com. cn
经　　销　全国新华书店
印　　刷　三河市华东印刷有限公司
开　　本　710 毫米 ×1000 毫米　1/16
字　　数　212 千字
印　　张　11.5
版　　次　2020 年 7 月第 1 版　2020 年 7 月第 1 次印刷
书　　号　ISBN 978－7－5068－7959－0
定　　价　58.00 元

前 言

道德教育历来是人类教育活动的重要领域，所谓育人“德”为先。

中华文化，浩如烟海、源远流长、博大精深，关于“德”的论述如漫天的繁星，照亮历史的天空：孟子的“富贵不能淫，贫贱不能移，威武不能屈”是一种德——品格之“德”；诸葛孔明的“非淡泊无以明志，非宁静无以致远”是一种德——修身之“德”；范仲淹的“先天下之忧而忧，后天下之乐而乐”是一种德——天下之“德”；横渠先生张载的“为天地立心，为生民立命，为往圣继绝学，为万世开太平”也是一种德——读书之德、为人之德……一代又一代的中国人在其精神浸润之下茁壮成长，“德”是一个人的立身之基，是教育的不懈追求，也是民族前进的精神动力。正如习近平总书记在纪念五四运动100周年讲话中所说的那样，人无德不立，品德是为人之本。止于至善，是中华民族始终不变的人格追求。

道德教育也是学校教育的一个重要使命，培养“人”是其出发点，也是其归宿。瑞士教育家裴斯泰洛齐指出，一生的生活是否幸福、平安、吉祥，则要看他的处世为人是否道德无亏，能否做社会的表率，因此，修身的教育，也成为他的学校工作的主要部分；德国教育家赫尔巴特更是旗帜鲜明地表明自己的态度，道德普遍地被认为是人类的最高目的，因此也是教育的最高目的；苏联教育家苏霍姆林斯基则告诉我们，道德教育的核心问题，是使每个人都确立崇高的生活目的……

这些伟大的教育家、思想家，虽然生活在不同的时代，对道德教育重要性的论述却有着异曲同工之妙，他们使我们坚信：道德教育的成功，才是教育的成功；重视道德教育的学校，才是一所真正能够承担育人使命的学校。正如习近平总书记所言，道德之于个人、之于社会，都具有基础性意义，做人做事第一位的是崇德修身。这就是我们的用人标准为什么是德才兼备、以德为先，因为德是首要、是方向，一个人只有明大德、守公德、严私德，其才方能用得其所。因此，道德教育不是一时之事，而是一世之事……

但道德教育又是一个庞大而复杂的工程，它无时不在、无处不在，家庭存在道德教育，学校存在道德教育，社会存在道德教育，个人对自我也存在道德教育……总而言之，道德教育是一个纷繁复杂的世界。我们不可能同时研究所有的道德教育，即便在学校教育系统内部，道德教育也会因学生的学习阶段而异。鉴于此，本书研究的视野仅投放于高职道德教育。高职德育本身也是一个体系庞大的系统工程，限于研究水平和研究视野，本书仅涉及其中的部分领域，希望能通过自己的努力，为高职德育的发展尽一些绵薄之力。

第一章从高职德育面临的最大挑战——多元文化出发，探讨在多元的时代背景下，高职德育呈现出的不同于普通高等教育的特征，进而以此为视角，来观察高职德育面临的问题，为下一步的研究提供思路。

第二章探讨了高职核心价值观与高职德育的关系问题。在我国社会主义建设的伟大征程中，核心价值观起着不可估量的凝神聚气作用。那么在高职德育的探索与发展过程中，是否也需要这样一个“核心价值观”来为其指引方向、保驾护航呢？笔者认为答案是肯定的。有了核心价值观的存在，高职德育才不会偏离方向，校园文化的建设才有径可寻。

第三章重点探讨了高职德育教学生活化的问题。高职德育的实施很大程度上依赖于高职院校的德育课程，它是高职德育目标实现的主阵地、主渠道，在高职德育过程中发挥着不可替代的作用。目前，高职德育存在着诸多问题，大部分原因在于德育课程实施效果的不理想，其中一个重要因素就是脱离学生现实生活，不能切实解决其面临的生活问题，这也是本章内容产生的缘由。

第四章探讨了高职素质教育体系构建的问题。之所以选择高职素质教育问题来研究，原因有二：其一，高职素质教育与高职德育本身就有着千丝万缕的内在联系，德育是素质教育的一部分，也是其最重要的部分，德育目标与素质教育目标在根本上是一致的；其二，山西交通职业技术学院在实践基础上承担了山西省交通运输厅课题“高职学生素质教育体系实践与研究”并取得了一定的研究成果，本章内容就是其研究的理论呈现。

本书只探讨了高职德育的部分问题且深度有限，并不能涵盖高职德育的所有问题。虽然水平有限，但整个内容体系的选择、架构都是基于作者多年的教学实践研究而成的。高职德育是一条充满艰辛却有着无限希望的路，因心中有梦想、肩上有责任、脚下有方向，故而一直在努力前行，未来的路可能会“漫漫其修远兮”，但吾仍将继续“上下而求索”。

目 录

第一章

高职德育及其时代特征

道德教育从其诞生之日起，就打着深深的时代烙印。在我国，虽然“德才兼备、以德为首”的用人思想历经千年而从未改变，但人才所需的“德”却可以从人才选拔制度的变迁中窥得一二。从汉代的举孝廉到魏晋南北朝的九品中正制，从隋唐的科举制到明清的八股取士，社会的发展与变迁总能在道德教育目标的更迭中留下重重的印记。道德教育，从来都是与时代的变化息息相关的。

时代的洪流滚滚向前，在信息化高速发展的21世纪，多元化已经成为不可阻挡的社会存在，大力改革开放的我国亦如此。当前，我国正处在经济转轨和社会转型的加速期，思想领域日趋多元、多样、多变，各种思潮此起彼伏，各种观念交相杂陈，不同价值取向并存，所有这些表现出来的是具体利益、观念观点之争，但折射出来的是价值观的分歧。① 而价值多元正是多元文化的显著特征。这正是作为社会意识的高职德育在新的历史关口举目四望寻找自己的前进方向之时必须正视的一个现实。因此，可以这样说，研究高职德育首先得研究其时代背景——多元文化。

高职德育是高职教育的一个有机组成部分，也是高职育人目标能否实现的关键环节。高职德育不同于普通的大学本科德育，有其自身的特点与路径，这缘于高职教育的特殊性和高职教育对象的复杂性，因此其已成为德育理论和实践的一个突出的崭新的现实的课题。高职德育涉及的问题很多，本章内容旨在探讨高职德育的基本点、高职德育存在的现实问题，重点分析当前高职德育面临的最大挑战——多元文化的时代背景，分析其带来的积极和消极影响，以期对高职德育面临的形势做一理性的梳理与分析。

---

① 本书编写组．思想道德修养与法律基础［M］．北京：高等教育出版社，2018：78.

第一节　多元文化：高职德育面临的新时代背景

一、多元文化概述

文化从来就不是一个一元的概念，“多元文化”并不是一个新鲜事物。文化上的多元性是社会发展进步中一般的文化现象。“元”，“始也”“端也”，即每个“元”都是一个开始和起端。从字面上看，“多元文化”，是指具有不同起始端点的文化。① 同样，多元文化也并不是一个新生事物，而是古已有之，世界上的很多国家都存在着不同民族、不同文化长期并存的现象。近代之前，科学技术不够发达，国与国之间处于相对闭塞的状态，使得这种多元文化仅限于在本国之内，多元文化并没有得到足够的重视和研究。② 当代中国处于急剧的社会变迁之中，社会文化多元的态势日益明显，这种变化势必会影响高职院校及身处其中的学生，进而影响着中国的未来，因此，有必要对此现象进行关注。

（一）多元文化的产生与发展

20 世纪 20 年代之前的美国，文化“同化论”和“熔炉论”等思想在主流文化中占据了上风，随着对上述观点质疑的增多，“多元文化”开始作为一个专门的术语逐渐出现在人们的视野中，乃至到 20 世纪五六十年代，“多元文化”已经成为一种社会思潮，获得了社会的广泛关注，引起了诸多思考。多元文化在当时指两种文化现象：一是殖民地和后殖民地社会的文化，在这种社会中，既存在殖民国家的统治文化特别是欧洲文化，也存在原居民的种族或民族文化；二是指不同的民族文化，具有不同社会和文化来源的民族虽然共同生存，但各民族之间以及各民族群体之间的文化特性有着较大的差异。③

20 世纪六七十年代后，随着后现代理论思潮影响的扩大，越来越多的国家和地区开始关注“多元文化”这一概念，其含义也在持续的关注中逐渐扩大化，对越来越多的国家和地区产生了重要的影响。对“多元文化”反映的价值体系、思想观念的差异的外延理解也开始扩大。之前，人们对于“多元文化”这一概念的理解仅局限于民族与国家之间，此时人们开始逐渐意识到在不同的阶层、地

---

① 张珂．多元文化影响下大学生价值取向的分析与引导［D］．上海：华东师范大学，2012：13—14.

② 冯琦翔．多元文化背景下大学生社会主义核心价值体系教育研究［D］．北京：北京交通大学，2011：6—7.

③ 郑金洲．教育文化学［M］．北京：人民教育出版社，2000：218.

域、社会群体、宗教乃至不同性别、年龄的人群之间，也存在着价值体系、思维方式、思想观念等方面的差异，认识到“多元文化”及其差异是无处不在的。在此以后，“多元文化”的涵义开始不仅关注宏观层面——种族、民族差异，也逐渐涵盖微观层面——价值观等的差异，开始越来越多地与“文化”自身的涵义相对应。[①]

多元文化所主张的是文化的多样性、多元性，不存在文化的不平等，也没有标准认定哪种文化更优秀。[②] 虽然目前学界关于多元文化的定义多种多样，但有一个基本的思想是相同的，那就是承认并尊重存在于不同地区、种族、民族、阶层、群体之间的风俗习惯、价值规范、宗教信仰、思想观念乃至行为方式等方面的差异，尊重文化的多样性。

自古以来，我国就是一个多民族的国家，因此，多元文化共存是我们的历史传统，春秋时期的百家争鸣与后期的几次大的民族融合构成了多元文化的结构体系，也成为我国能够长期保持统一的文化基础。中华人民共和国成立后，我们的文化生活总体而言比较封闭，受外来文化的影响较小，这一时期的文化社会比较单一、稳定，以马克思社会主义文化为主体。改革开放以来，对外交流日益增多，西方世界的新思潮、生活方式、价值观念大量涌入，对人们的价值体系造成巨大冲击，使得我们的原有文化受到强烈的挑战，二者相互激荡、共融共存。这种状况在经济全球化、信息公开化的今天表现得更为明显，文化的差异也随之加深，多元文化时代已经到来。

（二）多元文化的概念

“多元文化”一词在 20 世纪 20 年代出现的时候特指两种文化现象：一是在殖民地国家存在的殖民地的统治文化与原居民的种族或民族文化之间的共存；二是在移民国家中不同的种族、民族、宗教信仰的文化的共存。在这种情况下，多元文化是对少数民族、弱势群体文化的认同，是消除种族主义、阶级主义等歧视的工具，它标志着少数民族或弱势族群文化开始走向自觉。[③] 随着时间的流逝与多元文化影响范围的扩大，它的内涵也越来越宽泛，不再仅仅局限于少数民族和弱势群体的范围，开始有了更深、更广泛的运用。

---

① 张珂．多元文化影响下大学生价值取向的分析与引导［D］．上海：华东师范大学，2012：13—14.

② 全春花．多元文化背景下我国大学生道德观教育研究［D］．延吉：延边大学，2013：10.

③ 冯建军，付淳华．多元文化时代道德教育的困境与抉择［J］．西北师大学报（社会科学版），2008（1）：35.

多元文化有不同的含义，大致可以归为两类：一类是针对文化的地域和空间而言，主要是指种族之间、民族之间的文化共存、文化的平等认同，尤其是关注少数民族文化，弱势种族、族群文化，为它们争取平等的合法地位。另一类是根据文化的时代性而言，指历时态文化在某一社会中的共时态存在，如现代社会中的传统文化（前现代文化）、现代文化、后现代文化等。在现代社会中，前现代、现代、后现代这一时间顺序已然变成一种空间关系，它们共生并存。①

本书所论的“多元文化”，不是单纯就民族文化而言的，它是在当代中国出现的一种独特的文化现象，是一种由中国文化、西方文化、传统文化、现代文化、精英文化、大众文化等构成的文化共存系统。② 它是社会发展的必然，是改革开放以来不同文化碰撞的结果。

综上所述，本书这样定义多元文化：多元文化是针对传统的单一文化而言的。以往的文化发展定式是在一定区域、地域、社会、群体和阶层中存在着某一种单一文化，而多元文化则是指在一个区域、地域、社会、群体和阶层等特定的系统中，同时存在、相互联系且各自具有独立文化特征的多种文化。它不同于以往的文化存在方式，在空间上具有多样性，在时间上具有共时性。

（三）多元文化的特征

1. 平等性

因为社会是由不同民族、不同群体所组成的，社会成分的多元化决定了文化的多元化，各种文化都有其独特的价值，并无优劣贵贱之分，因而各种文化都有平等的生存权和发展权。③ 多元文化作为一种社会思潮，在其诞生之初就是为反对美国的种族歧视和与之相应的文化不平等而提出的，它反对以某一民族的价值体系为准绳来衡量社会各个民族，力图建立一个没有歧视与偏见的社会，各民族和平相处、文化平等、相互交融、共同发展。因此，平等性是多元文化的核心特点。各种文化不管其产生于什么样的种族与背景，都有其存在的独特意义与价值，都应该受到尊重，都应该得到平等的对待与发展。

---

① 冯建军，付淳华．多元文化时代道德教育的困境与抉择［J］．西北师大学报（社会科学版），2008（1）：35.

② 冯琦翔．多元文化背景下大学生社会主义核心价值体系教育研究［D］．北京：北京交通大学，2011：6－7.

③ 陈时见．全球化视域下多元文化教育的时代使命［J］．比较教育研究，2005（12）：37.

2. 多样性

这是由文化的多样性所决定的，也是多元文化产生的基础。起源和发展着的文化都具有各自独特的性质和精神内核，这便是不同文明的根本差异，造成了文化的多样性。文化的多样性记录着各民族历史发展的轨迹和特殊性。① 正如前文所述，“元”在《说文解字》中的解释是“始也”，为“物之本”“本原”的意思，它具有原创性，是独立的。因此可推断，“多元”是指多个本原的共存，即具有原创性的、独立性的多个体系的共存。世界上从来就不是只有一个地区、一个民族、一种文化，多样化的民族、行为与价值体系必然产生文化的交流与碰撞，多元文化应运而生。但“多元”又不同于“多样”，“多样”往往描述事物存在的不同状态或形式，“多元”则主要揭示事物性质上的差异，只有文化不仅多样而且性质也不相同时，才能将其称为多元文化。② 从地域划分来看，社会发展存在不平衡，导致即便处于同一本源性质的文化也会在发展存在差异的地域表现出不同的特征；从阶层划分来看，由于对社会发展所起的作用不同，在社会中的地位存在差异，即便是同一文化浸润下的不同社会阶层也呈现出不同色彩，其文化的自我更新与创造、变革机制与功能也相应地表现出不同的特征，存在差异性，从而形成了多样的地域文化与阶层文化，表现出多样性。

3. 交往性

世界上有很多个国家和地区，而每一个国家和地区又是由众多民族组成的，每个国家都有自己独特的风俗习惯、风土人情，同一个国家内部的不同民族又会有着不同的宗教信仰、价值体系等，表现出具有本民族特色的文化。但是在古代，由于交通不便与信息不发达，文化的交流并不频繁。直到现代工业发展以后，随着交通的便利，各国人民、同一国家不同地区的往来日益增多，文化交流随之变得频繁，多元文化才作为一种独特的文化现象出现在人们的视野。因此，可以这样说，多元文化是在一个区域联合体、社会共同体和集体群体等系统中共存的，并在系统结构中存在着一定相互联系的文化，交流和交往是多元文化形成的必要条件，也是它存在的基础。③

---

① 陈平．多元文化的冲突与融合［J］．东北师大学报（哲学社会科学版），2004（1）：35.

② 吕田田．多元文化背景下的学校道德教育［D］．济南：山东师范大学，2008：6－8.

③ 陈时见．全球化视域下多元文化教育的时代使命［J］．比较教育研究，2005（12）：37.

4. 共同性

虽然由于价值体系的差异，各种文化之间有着很大的区别，表现出不同的行为方式，但对于人类而言，总有一些共同的特征与价值追求是不会改变的，例如对真、善、美的热爱，对美好、幸福生活的期待与向往，对人类的公平与正义的追求等，其原因在于多元文化不仅承认了各文化存在的差异性，也看到了各种文化之间共同关注的问题，发现了不同文化之间的共性，进而发现不同文化之间也存在互相借鉴的可能。也正因为如此，不同的文化才能够共存于一个共同体内并且整体和谐相处。但是，多元文化追求文化的共同性，是在尊重民族和个体的政治、文化选择多样性的前提下进行的，是多种文化中的异中求同，而不是完全的同质化，其目的是各种文化能够更好地共同存在和发展。①

（四）多元文化在我国的形成及当前我国多元文化的格局

1. 我国多元文化的形成及其原因

历史传统加之现实的社会变迁，使得我国的多元文化形成了别具一格的特色，具体来说，有以下几个方面原因。

（1）多民族并存的历史格局

多民族并存，是我国历史发展的一个显著特征，我国自古以来就是一个民族众多的国家。从古至今，我们有百家争鸣的文化盛况，有游牧文明与农耕文明并存的历史时代，有民族杂居的地区分布，有民族文化交流的历史美谈。在漫长的历史长河之中，各个民族经历了一次又一次的大融合，最终形成了一个大的中华民族，闪耀着夺目的光芒，散发着独特的魅力。现在，我们有 56 个民族，每个民族在其漫长的发展过程中，都形成了自己独特的历史、语言、习俗、宗教和社会特点，呈现出本民族独有的文化特色，这种多民族并存的历史格局为我国多元文化的形成创造了先天条件。1840 年鸦片战争以来，传统社会发生急剧变迁，腐败无能的清政府被迫与入侵的西方列强签订一个又一个丧权辱国的不平等条约，中国社会进入半殖民地半封建时代，“半半”文化开始在中华文化史上留下深深的烙印。之后的中国开始寻求国家的独立和民族的解放，经历了新兴的新民主主义文化和马克思主义文化洗礼，中国人的价值观念更加多元。多民族并存的历史格局与复杂的历史进程决定了中国多元文化共存的历史传统。

① 吕田田. 多元文化背景下的学校道德教育［D］. 济南：山东师范大学，2008：6－8.

（2）经济全球化的时代背景

随着经济的发展，社会分工趋于精细化，跨区域合作也愈来愈普遍，世界经济全球化已成为一种平常的现象，人类命运共同体、“一带一路”经济发展思路下的国与国、地区与地区之间的经济交流越来越多，文化交流、宗教信仰、价值观冲击也随之增多。各个国家和地区通过各种途径所出现的社会文化思潮和不同风格的文化行为都会与我国原有的文化相互碰撞，在碰撞的过程中相互融合，最后形成了一种文化形态，这种文化形态来自不同的社会阶层，并具有其各自的风格和特点。①

（3）改革开放的历史选择

改革开放40多年来，中国社会发生了急剧变迁，强烈的社会变迁在经济、政治、社会、文化等诸多领域都带来了深刻的变革，使我国的社会结构发生了巨大的变化。社会主义市场经济体制确立后，人们的自主意识、竞争意识、效率意识和开拓意识逐渐增强。加之对外开放使得西方文化大量涌入，各种理论、思潮接踵而来，改变着人们的生活方式、交往方式、是非观念和价值追求。改革开放使各种异质文化、思想、观念交融在一起，改变了过去思想文化领域单一、封闭的状况，多元文化的态势日益明显。

（4）大众媒体的广泛传播

现代网络的发达使得大众传媒对人们生活的影响越来越大，互联网打破了国与国、地区与地区之间的界限，使地球变成一个村庄，使不同国籍、不同种族、不同宗教信仰、不同性别、不同年龄、不同地位和身份的人在网络这一虚拟社会中自由地相互交流，一定程度上消除了人与人之间的距离。这不仅有助于人们增进对本国不同民族、地域、阶层文化的了解，而且有助于人们更加深入地了解其他国家、地区的风俗习惯、宗教信仰、生活方式和价值观念。不同种族、民族、地域、国家之间文化的相互交流和碰撞，使多种文化开始凸显，多元文化逐渐形成。

2. 当前我国面临的多元文化格局

21世纪以来，随着经济全球化的迅速发展与全球信息网络的迅猛扩散，文化交流逐渐增多，并且不仅仅局限于文化领域，还涉及人类生活的各个方面，以致人们的日常生活习俗与交往方式都有了很大的改变，呈现出多元化的价值取向。在此背景下，我国的文化逐渐走向开放，除了原有的多民族文化，对外文化

① 寇译文．多元文化视域下大学生核心价值观教育研究［D］．大庆：东北石油大学，2013：11.

交流也日益增多，西方的思想文化价值体系开始大量涌入，中国文化、西方文化、传统文化、现代文化、民族文化、世界文化、精英文化、大众文化等多种文化交织在一起，形成了多元并存的文化格局。①

（1）大众文化风靡蔓延

改革开放以来，在市场经济浪潮的冲击下，伴随着现代工业化进程的推进与现代传媒的飞速发展，大众文化迅速兴起于当代中国的都市并疯狂蔓延，它由消费意识形态来筹划、引导大众，采取时尚化的运作方式。商业性、流行性、娱乐性和普及性可以说是其最主要的基本特征。

大众文化存在于我国的时间并不长，只有 30 年左右，但是它的蔓延对中国社会的影响确实是巨大的，它以一种独具特色的形式广泛渗透于人们日常生活的各个领域，体现于人们的衣食住行、社会交往、休闲娱乐等各项活动中，铺天盖地、花样繁多。它是有史以来参与人数最多、规模最大的文化实践活动，是当代中国最具优势和活力的文化形态，是技术发展的直接后果。大众文化的浪潮席卷整个中国文化领域，使它一跃成为当代中国的强势文化。② 大众文化的风靡，极大地削弱了传统文化对人们的影响力，对传统的文化观念和文化结构形成了巨大的冲击力。

（2）传统文化正确传承

中国传统文化曾经对人类社会的发展做过巨大贡献，也是中华民族之所以成为中华民族的文化根源，是我们民族的灵魂家园与精神向导。因此，可以这样说，是传统文化滋养了中华民族，丢失了传统文化，就等于丢失了我们民族的过去。而改革开放以来，随着大量西方文化与价值体系的冲击，传统文化对国人的滋养能力越来越弱，传统的缺失已经成为普遍的社会现象，亟需引起注意。而文化是民族的灵魂和象征，更是民族国家凝聚力的源泉，放弃民族文化就等于放弃民族独立。③ 因此，在新时代，要确保中华文化的独立性，首先应做到文化自觉，对中国传统文化进行正确定位。而要实现文化自信，首先需要做的就是传承和发扬传统文化。近年来，中央电视台《中国诗词大会》《经典咏流传》等节目的兴起与广泛传播就是最好的注解。

费孝通先生曾指出，文化上的唯我独尊、故步自封，对其他文明视而不见，

---

① 郑白玲．论多元文化对和谐社会教育的影响［J］．西南民族大学学报（人文社科版），2008（09）：252.

② 吕田田．多元文化背景下的学校道德教育［D］．济南：山东师范大学，2008：10－13.

③ 汤万文．多元文化格局中的中国文化安全［J］．理论与现代化，2007（3）：119.

都不是文明的生存之道。只有交流、理解、共享、融合，才是世界文明共存共荣的根本出路。不论是“强势文明”还是“弱势文明”，这是唯一的出路。[①] 古罗马政治家西塞罗也说过，一个人如果对自己出生以前的历史毫无所知的话，这个人就等于永远没有长大。同样，一个民族如果对自己的历史文化中断了记忆，不爱惜自己民族的文化传统与生态资源，注定要受到历史的惩罚。[②] 因此，在当前的历史条件下，在我们中华民族伟大复兴事业之路上，有必要正确传承我们的传统文化，发挥其在现代化建设中的作用，建立我们的文化自信。

（3）先进文化引领未来

习近平总书记在党的十九大报告中指出，文化自信是一个国家、一个民族发展中更基本、更深沉、更持久的力量。必须坚持马克思主义，牢固树立共产主义远大理想和中国特色社会主义共同理想，培育和践行社会主义核心价值观，不断增强意识形态领域的主导权和话语权，推动中华优秀传统文化创造性转化、创新性发展，继承革命文化，发展社会主义先进文化，不忘本来、吸收外来、面向未来，更好构筑中国精神、中国价值、中国力量，为人民提供精神指引。习总书记还指出，文化是一个国家、一个民族的灵魂。文化兴则国运兴，文化强则民族强。没有高度的文化自信，没有文化的繁荣兴盛，就没有中华民族伟大复兴。要坚持中国特色社会主义文化发展道路，激发全民族文化创新创造活力，建设社会主义文化强国。

所谓中国特色社会主义文化，源自中华民族五千多年文明历史孕育的中华优秀传统文化，熔铸于党领导人民在革命、建设、改革中创造的革命文化和社会主义先进文化，植根于中国特色社会主义伟大实践。发展中国特色社会主义文化，就是以马克思主义为指导，坚守中华文化立场，立足当代中国现实，结合当今时代条件，发展面向现代化、面向世界、面向未来的，民族的科学的大众的社会主义文化，推动社会主义精神文明和物质文明协调发展。要坚持为人民服务、为社会主义服务，坚持百花齐放、百家争鸣，坚持创造性转化、创新性发展，不断铸就中华文化新辉煌。

在建设社会主义现代化国家的征程中，我们需要建设中国特色社会主义的先进文化，以此引领未来发展，进而树立文化自信，建设文化强国，为实现中华民族伟大复兴提供动力支持。

---

① 费孝通．“美美与共”和人类文明（下）［J］．群言，2005（2）：14.

② 邵龙宝．全球化与“文化自觉”及其教育［J］．社会科学，2001（10）：55.

二、多元文化对高职德育发展的影响分析

（一）多元文化对高职德育发展的积极影响

1. 丰富了高职院校价值观教育内容

当今，经济全球化、政治多极化必然要求文化多元化的出现，多元文化已成为世界文化发展的常态。多元文化认为，迥异不同的多元文化之间不应相互排斥，而应相互平等，文化之间的共存、融合与交流是多元文化发展的基本理念。它丰富了人们的认识，开拓了人们的视野，使人们思想活动的独立性、选择性、多变性、差异性明显增强，人们的价值取向也日趋多元。

在多元文化未出现之前，社会价值观是一元的，高职教育的价值观很单一，教师只为教，学生只为学。在多元文化的影响之下，社会中出现了不同的声音，文化碰撞时有发生。多样的文化为人们提供了新的视野与思路，必然带来价值观的多元化，人们对学校教育的期待也变得更为多元。在这样的大背景下，高职院校的价值观也必然变得多元，不再局限于仅仅为学生提供知识，还需要使其在校期间学习技能、提高能力、养成性格、形成习惯、开发潜能，为将来更好地适应社会、提升自我储备能量。与此同时，教师的角色也增添了新的意义，不再是传统意义上的“传道、授业、解惑”者，而需要承担学生的导师、教材的载体、课堂的导演、文化的使者等多个角色，被赋予多重身份。上述种种变化均会影响高职院校价值观教育的内容、追求与选择，使之日益丰富和多元化。

2. 拓展了高职院校价值观教育方式

随着全球市场经济的形成，外来文化的影响日益加深，多元文化的格局在我国已经形成。“多元”即意味着多样的存在，以及这种多样性背后必然存在的差异。多元文化的形成与发展已经成为一种世界性的潮流与趋势，是一种客观存在，不会因为人的主观意志而有所改变，它主张在承认并尊重多样性和差异性的基础上寻求共识，其主旨是“和而不同”。由此可知，多元文化的基本态度就是开放、宽容和兼容并包。

同样身处多元文化背景下的高职院校，在多元文化的浪潮袭来之时，也需要做到开阔视野、与时俱进，摒弃以往陈旧的认识与理念，积极拥抱多元文化。及时更正教育误区，树立多元的教育理念，以博大的胸怀吸纳国内的先进教育理念，使得学校这一相对封闭的教育组织变得更为开放和灵活。扩展教育形式，采

用“走出去，请进来”的方式加强学校国际化合作与交流，唯有这样才能办出适应多元文化发展的高职教育。

3. 有利于高职院校职能的多元发展

作为一种社会组织，学校自诞生之日起就具备两大功能——满足社会发展对人才的需求和满足个体自身成长需求，这也是学校教育的社会功能和个体功能。在我国的教育发展历程中，我们从古至今提倡和欣赏的价值取向都是重视教育的“社会功能”，而对其“个体功能”即满足个体成才成长需求的功能并不是十分重视，以致很长一段时间之内，教育的个体功能都是屈从于教育的社会功能的。

多元的文化发展必然会带来多元的价值观，高职院校的多元价值追求也会随之出现，这对于高职院校的功能定位会产生一定影响。而从某种意义上讲，多元即包容，它要求高职教育最大限度地兼顾社会发展职能和个体发展职能，同时兼顾学校的各种工具职能，这就是学校职能的多元化。因此，在多元文化的视角下，我们更应该反思学校的功能，更加重视学校发展个体的功能，培养具有多元文化视野、多元文化意识的学生个体，使得学校促进社会发展与个体发展两种功能平行发展、并驾齐驱。

多元文化的冲击必然会使高职院校既有的价值体系出现变化，原有的一元主导局面被打破，需要建立新的价值体系，而在众多的价值观中，总需要一个主要的价值观作为引领者，需要有共同点与一致点，才能保证学校不会出现价值的混乱与迷茫，保证学校的发展建立在理性思考的基础之上。因此，多元文化的出现与冲击可以促进高职院校核心价值观的培育，促进其在多元的价值背景下迅速找准定位，确立理念，从而更好地发展。

（二）多元文化对高职德育发展的消极影响

1. 多元文化会在一定程度上削弱高职德育效果

从教育学的角度来看，人类最基本的道德感知与道德判断均来源于其生长环境，在此过程中，教育发挥着重要的引导作用。高职学生在踏入大学校门之前就已经在其过往的成长、教育经历中形成了一些对这个世界的基本的道德认知与道德判断。只是由于尚未真正成年，社会化程度不深，故而其道德认知并不系统，道德意志也不坚定，道德行为还有改善提高的空间。也正因为如此，高职道德教育才有其存在的意义，才能体现其价值。而多元文化的强势袭来，让高职德育面临巨大的考验，学校精心选择的德育内容对学生的影响可能比不上娱乐圈一个流量明星的振臂一呼，所以经常可以看到的现象是学生背《弟子规》通顺流畅，但看到老师却一言不发甚至绕道而行；谈论社会主义核心价值观头头是道，却会因为一言不合与朝夕相处的同学大打出手……此类知行脱节现象的出现，都在提醒我们道德教育的效果被大大削弱，需要对其进行重新审视。

2. 多元文化会给高职德育环境带来冲击

多元文化未形成之前，高职院校相对来说是一个较为封闭的环境，老师安心教学，学生专心学习。但是多元文化的出现打破了这一平衡，之前教学相长的和谐局面被破坏了，网络文化、娱乐文化等流行但并不完全健康的文化也逐步在校园中扩散开来，给学生的价值取向造成了很大的影响与混乱。一个原本充满求知向上、积极健康的学术正能量的场所，现在正逐步变得奢靡颓废、没有活力。这样的德育环境是不利于学生健康成长的，如果任由其发展下去不加干涉，长此以往会对学校的校园文化建设造成不良的影响，需要采取有力措施使之改变。所以，需要全力出击，改变高职德育环境，建立主流校园文化，为学生传播正能量，对其进行积极的教育引导。

3. 多元文化需要学校对自己的功能与责任重新定位

在多元文化的大背景下，学校的功能与责任与以往相比发生了较大的变化。自古以来，学校就是教书育人的场所，它承担着为社会培养发展所需人才的重任，在人类发展史上占据着重要地位，千百年来，这种地位一直不可动摇。作为高等教育重要组成部分的高职教育，是随着工业化社会进程和产业化时代到来而逐步发展壮大的，在现代社会发展过程中不可或缺。但许久以来，“教育”的特点在高职教育中表现得更为明显，而其“职业”特征则较为模糊，或者说其功能与重要性是位于教育功能之后的。而多元文化的产生有一个重要的原因就是世界经济的一体化与全球经济、文化合作交流的日益密切和彼此的影响日益增大，经济活动的增多带来社会分工的细致化，对职业化、标准化的要求更高，这给身处变革浪潮中的高职教育带来了不小的冲击。问题随之而来：高职教育要培养什么样的人？怎样培养才能使我们的学生真正融入社会的发展？高职三年要给学生留下什么？他在学校获得的哪些能力有助于其更好地适应未来社会的发展，能够帮助其获得幸福美满的人生？在此背景之下，高职院校的教育功能与意义就需要重新考量。

对于高职院校而言，多元文化背景下的一个大变化就是形成了多元的教育价值观，这会开阔人们的教育视野，但也容易出现多元的价值标准。多元的标准必然会带来目标的不清晰甚至责任主体的迷失，这对于学校和学生来讲都不是一件好事。一所学校只能有一个主要的标准，因此高职院校需要在多元的价值标准之间进行辨别、取舍、抉择，最终找到自己的正确位置与方向。

4. 多元的网络文化负面影响已经凸显

网络文化的负面影响主要有四方面。一是容易导致高职院校学生价值观念混乱。西方发达国家的社会观点、宣传论调、文化思想等通过大量的影视作品和游戏动漫，源源不断地输入到青年当中，与高职院校学生头脑中积淀的本土文化观念容易形成冲突，使其价值观产生倾斜、扭曲，形成西方化的倾向，国家意识和民族情感弱化，民族认同感减弱，民族身份逐步消解。二是容易引起学生网络道德的扭曲。在网络空间中，由于缺少他人在场的压力，快乐原则支配着个人欲望，高职学生对自己在现实社会与网络社会中的道德要求迥然不同，他们在网络中会有意无意地降低对自己的要求，执行的是与现实社会相异的双重道德标准，从而形成自己的网络、现实“双重人格”。三是容易导致学生现实人际交往的淡漠。人与机器的接触日益频繁，数字的脉冲抵消了生存现实的乐趣，使得部分高职学生在现实中与他人之间的感情联系日益淡薄，导致人际关系冷漠、疏远。四是容易对正常的教学秩序造成负面影响。上网时间过长、过度放纵使一些自控力差的学生游离于课堂之外，成了上网的“瘾君子”，严重影响了其学习效果。

作为一种已然受到广泛关注的文化现象，多元文化已经深深地渗透于、影响着中国文化，进入我们的价值体系并影响着人们的行为方式。人们对多元文化的理解也从之前的关注民族、国家等宏观层面扩展到阶层、地域、社会群体、宗教乃至不同性别、年龄的人群等微观层面，认识到多元文化及其差异其实是无处不在的。身处多元文化浪潮中的高职院校必然会受到相应的洗礼，文化的多元会导致高职生价值的多元，从而为其价值观教育带来诸多挑战，这是任何一位高职德育工作者都不能忽视的问题。

第二节　高职德育概述

一、德育及高职德育

古汉语中，德的本字为“悳”，其意思是用力徙前；经传中多借“德”为“悳”；现代汉语中本字“悳”已演化为“德”的异体字。汉代许慎《说文解字》有云："悳，外得于人，内得于己也。"清代段玉裁《说文解字注》中提到："内得于己，身心自得也；外得于人，谓惠泽使人得之也。"这里，"德"即"得"，"得"通"德"，得德相通；德的对象和内容是道，即事物发展变化的规律和规则，其中包含处理人与人之间及人与自然之间关系的行为规范的意思。人们认识了道，转化为内在思想感情，然后外化为行为，施于人，便称为德。

由此我们可以这样理解，从社会或内容的角度来说，"德"指的是"道"，是哲学、政治、法律、道德等形式的社会意识及其体现的社会规范；而从人的个体的角度来说，"德"指的是人的"品德"，是人的内在思想感情和外在行为表现，即人的思想、政治、法纪、道德等品质。

育，本作毓，义为养。《说文解字》有云："育，养子使作善也。"清代段玉裁《说文解字注》有云："不从子而从倒子者，正谓不善者可使作善也。"

那么，德育是什么呢？一般说来，德育是教育者培养受教育者的品德的活动。简言之，德育是培养人的品德的活动。德育就是教人学习按照"道"、按照社会意识及其体现的社会规范行动，"惠泽使人得之也"，即教人学做人。①

培养人的品德，这是古今中外以至未来各个国家、地区、民族德育的共同的、本质的属性，是德育的质的规定性，是德育与其他事物、其他社会现象包括体育、智育、美育等教育现象相互区别的本质特征。

因此，我们这样理解，从内容上说，德育是思想教育、政治教育、法纪教育、道德教育的总称；德育即品德教育，包括思想、政治、法纪、道德等品质的教育。从形式上说，广义的德育包括家庭德育、社会德育和学校德育，而狭义的德育专指学校德育。高职德育则是一种特殊的学校德育，是高职院校根据社会对高职学生的要求和其品德形成发展的规律与需要，有目的、有计划、有组织、有系统地对高职学生施加一定社会或阶级的思想政治准则、法纪道德规范和职业精神的影响，并通过其积极的认知、体验与践行，使其养成教育者所期望的品德的教育活动。

二、高职德育的特点及功能

（一）高职德育的特点

1. 德育目标注重职业性

早在2000年，教育部印发的《教育部关于加强高职高专教育人才培养工作的意见》就曾指出："高职高专教育是我国高等教育的重要组成部分，培养拥护

① 黄济，王策三．现代教育论［M］．北京：人民教育出版社，2001：432.

党的基本路线，适应生产、建设、管理、服务第一线需要的，德、智、体、美等方面全面发展的高等技术应用型人才；学生应在具有必备的基础理论知识和专门知识的基础上，重点掌握从事本专业领域实际工作的基本能力和基本技能，具有良好的职业道德和敬业精神。”这就给高职德育提出了特别的要求，即培养的学生不仅要具有通识教育所要求的一般的德育素质，还应体现出其职业素养，高职德育应形成以职业精神为导向的德育模式。

作为高等教育的重要组成部分，高职教育是我国高技能应用型人才的重要来源。在以就业为导向、职教融合、产教融合的高职教育目标指引下，高职德育也表现出与一般德育的不同之处，在对学生进行一般的德育内容传授的同时，也要注重对学生进行职业道德教育，注重学生职业技能与职业精神的融合，使之从技艺到精神都成为真正的“大国工匠”。德育目标表现出强烈的职业特征，这也是符合国家对职业教育的预期的。在此方面，笔者所在的山西交通职业技术学院就做了很好的尝试，该院将学院的学生教育目标定位为“爱交通、好品行、高技能、有品位”，“爱交通”是其德育的首要目标，体现出浓厚的行业特征与职业特点。

2. 德育对象具有复杂性

教育对象是任何教育问题都无法回避的一个话题，无对象就不成教育。众所周知，高职德育难，难就难在其教育对象之复杂，其复杂性反映在生源成分不一、文化层次不一、心理状态不一、行为习惯不一等诸多方面。

首先，高职院校的生源成分比较复杂。与普通本科教育生源不一样的是，在高职院校的学生来源中，普通高中毕业生仅占其中的一部分。除了正常高考录取的普通高中毕业生外，还有自主招生、职业高中毕业生、技校生、“3+2”考生、中专生、对口招生等生源。不同的教育环境会造就不同的毕业生，导致其文化基础、学习态度与学习能力都有着较大差异，德育素质参差不齐，而他们又会在高职院校面临统一的新的起点，这就增加了德育工作的难度。

其次，高职生的文化起点层次复杂，这是由高职生不同的教育背景造就的。相对来说，高中起点的高职生文化科目的学习方面较为扎实，基础相对要好一些，学习习惯等方面也要表现得优异一些，在学习上就会表现得轻松一些，易于理解和接受老师的授课内容；而中专、技校、“3+2”、职高等生源的学生就不一样了，从某种意义上说，他们属于现行教育体系下第一次教育分流时就被分流出去的那一部分人，因此，其整体的文化水平与综合素质都较低，理解力相对较差，在高职的学习中面临的困难也较大，这也给德育增加了一定的难度。

再次，高职生的心理状态较为复杂。对于中专、技校、“3 + 2”、职高等生源的学生来说，由于其之前的教育环境不是很理想，所以他们本身对于高职院校的期望值并不高，能有机会深造已经很满意了。但高中起点的学生则不一样，他们的很多同学都进入本科院校甚至一些重点院校继续深造，而自己却只能来高职院校读书，心理上可能会存在较大的落差。加之社会对高职教育认识不清，存在一些偏见，这些因素都会影响这部分学生的学习心态，影响其树立对未来的信心。这些失落感、自卑感、挫折感的心理交织，都对高职德育提出了挑战。

3. 德育内容具有针对性

高职教育学制只有 3 年，且第三年基本上都在实习，即便是在校期间，也有大量的时间用于实训，实践教学的比重较大，因此，留给德育的时间就少之又少。如何在有限的时间里实现德育目标？内容的选择和实施就成为一个重要的问题。现实的情况要求高职德育的内容在通识教育之外，还必须具有极强的针对性且易于实施，如此才能保证德育工作的有效性。

目前，高职德育的途径主要由课堂德育和课后德育组成，课堂德育的方式主要为思想政治理论课，课后德育则通过团委活动、校园文化建设、学生管理等形式来表现。由于高职学制较短，它的思想政治理论课只有常规的形势与政策、思想道德修养与法律基础、毛泽东思想和中国特色社会主义理论体系概论 3 门课程，比普通本科院校少了两门，即马克思主义基本原理概论和中国近现代史纲要，而少了的这两门课程对于学生的理论修养提升是不无裨益的。因此，高职思想政治理论课教师必须在授课过程中为学生补充相关的背景知识，还要考虑学生已有的基础和接受能力，其授课难度骤然增大，也为其课堂德育带来了不少困难。

课堂难以实现的德育措施，就需要课后来弥补。因此，需要高职院校针对自己的特殊情况，既考虑学生的已有基础，又结合学生的学习能力、理解能力、接受能力与发展能力，制定适合本校学生实际的德育内容，有的放矢，找准德育工作的突破点，或抓学习习惯或培养行为习惯，或主抓教学管理或注重学生管理，或从课堂入手或从宿舍入手等，不一而足，去实现既定的德育目标。

4. 德育环境具有特殊性

综上所述，我国高职德育的特殊性“是由高职院校的目标定位和德育对象的复杂性所决定的"[①]。高职院校若想在激烈的高等教育竞争中获得一席之地，毕业生的竞争力至关重要，要想提升毕业生的竞争力，需在充分理解高职德育环境的特殊性基础上，发挥德育的重要性。

高职德育环境是特殊的，主要表现在两个方面：就其外部环境而言，社会上有很多人认为高职教育在我国目前的高等教育体制中属于"末流教育"，主要原因在于高考录取分数的划定上。对于接受高职教育的很多高中毕业生而言，高职教育是其被本科教育拒之门外之后的无奈选择，因此，对于即将到来的高职教育，他们的接受是被动的、消极的，这就造就了并不友好的高职德育外部特殊环境。就高职德育的内部环境而言，高职生的来源成分复杂、学习基础参差不齐，理解力、执行力也千差万别，他们都是现行教育体制下的学业不成功者，也由此导致高职生的心态和普通大学生的心态有所不同，表现出多样性与多元性，这造就了高职德育特殊的内部环境，需要德育工作的大力介入。

（二）高职德育的功能

1. 帮助高职学生提升现代职业认知

人类社会发展至今，科技的力量日益增大，已深深地渗入现代人生活的方方面面。而现代化的生产也是建立在科技基础之上的大生产，它与现代商品经济紧密联系，分工越来越细，也更加强调人与人之间的合作。因此，在高职德育中，除进行必需的科技知识教育外，还必须提升学生的现代职业认知。树立自由、平等、民主和法制的观念，讲质量、效率、效益的观念，以及开放、创新、责任感和集体主义的观念，并形成普遍的社会风尚。美国心理学家大卫·C. 麦克莱兰认为：一个国家的经济发展，取决于那些具有企业家气质的人的能动性。这种人喜欢一个人负责，他们听取别人对工作质量的反映，并不断地改进和提高工效。他指出，思想意识在提高进取心方面十分重要，通过训练可以提高企业家的进取心，从而促进经济发展。据此设想，他在印度进行了试验，并得到了证明。[②] 这可以为高职德育提供有益的借鉴，通过高职德育，帮助学生形成与现代社会经济发展相适应的科学精神、民主法治观念、社会责任感和集体协作意识等各种新的观点、态度、气质、思维方式和行为习惯，为现代生产、现代科技、现代商品经济的发展提供现代社会的思想道德背景、基础和保证，适应现代经济活动和现代

---

① 马建富. 职业教育学［M］. 上海：华东师范大学出版社，2008：130.

② ［美］贝迪阿·纳思·瓦尔马. 现代化问题探索［M］. 周忠德，严矩新，编译. 北京：知识出版社，1983：78－79.

生产的节奏与变化，这样的未来是很值得期待的。

2. 培养高职学生的职业意识和角色意识

职业是人的社会化的集中体现。人生活在社会中，要以一定的职业为生，这就决定了为就业和生活做准备的高职德育，必须能够促进学生的职业化。在此过程中，培养高职学生的职业和角色意识、知识和技能是高职德育的核心要求。所谓职业意识，是职业道德、职业操守、职业行为等职业要素的总和，是人们对职业劳动的认识、评价、情感和态度等心理成分的综合反映，是支配和调控全部职业行为和职业活动的调节器。职业意识既影响个人的就业和择业方向，又影响整个社会的就业状况。[①] 而管理学的发展理论告诉我们，一个人只有在做适合自己的工作时才会有效率，成就感也会更高，最有效的管理是人尽其才、才尽其用。那么，对于即将走上工作岗位的高职学生来说，正确认识自己、给自己准确定位，就成为一件必要的事，这些事情完成得越早，越有利于其未来的职业选择。因此，高职德育需要承担起对学生进行职业指导和职业定向的重要职责，要指导学生根据自己的兴趣、爱好和能力特质，结合自己的专业特点，确立自己的职业理想和职业发展方向，要帮助学生早日适应并扮演好自己未来的职业角色，助力其未来职业发展。

3. 促进高职学生的个体价值实现

创造性是人的个性的核心品质，是个性的自主性、独特性的综合体现。它是个体在创造活动中所表现出的自主、独特的心理倾向。[②] 高职教育首先是一种教育，而教育要教人以知识，再使知识转化为智慧进而影响人的生命质量。知识本身有其外在价值和内在价值，知识的外在价值在于转化为一种力量（知识就是力量）或一种生产力，成为谋生的手段；知识的内在价值在于促进人的身心和谐发展，培养人的幸福能力，造就完满的自由人格，使人成为自由之人、幸福之人。[③] 高职教育同时是职业教育，培养的是未来生产一线的高技能人才，其所从事的正是具备创造性的活动，所创造的是有价值的产品，是符合其社会价值的。而在高职德育目标实现的过程中，高职学生自身的人生价值也得到了实现和体现，其价值的大小要通过对社会的贡献来衡量。

---

① 柴洪福，陈年友．高等职业教育名词研究［M］．北京：高等教育出版社，2013：137.

② 全国十二所重点师范大学联合编写组．教育学基础［M］．北京：教育科学出版社，2008：38.

③ 全国十二所重点师范大学联合编写组．教育学基础［M］．北京：教育科学出版社，2008：40.

4. 引导高职学生创设未来生活

就其本质来说，教育对于个体而言，不仅是提升其谋生能力的工具和手段，还是个体生活的需要。在受教育的过程中，个体的求知欲得以实现，获得了高层次的精神享受，并进而获得自由和幸福。从这个意义上讲，高职德育的功能除了上述内容之外，还应该包括引导学生具备创设未来生活的能力，即不仅要使其教育对象在受教育的当下获得一种幸福的体验，还要培养其高尚的情趣和感受幸福的能力。这种能力的提升有助于帮助他们在人生的十字路口做出正确的选择，迷茫时能迅速辨别前行的正确方向，在这个飞速发展变化的社会中具有良好的适应力，同时保持内心的自我，不轻信、不盲从、不迷茫，坚定执着、积极乐观，从而收获幸福美满的人生。

三、高职德育的原则及方法

（一）高职德育的原则

1. 因材施教原则

众所周知，一切从实际出发是马克思主义哲学唯物论的一项重要内容，是我党工作的一个重要原则，也是高职德育工作应遵循的重要原则。把它应用于高职德育工作中，就很好地贯彻了因材施教原则。此处之因材施教，有双重含义：其一，高职生不同于普通大学生，有其独特的特点；其二，在高职内部，学生之间也会有差异。实施德育过程中要充分考虑上述差异，才能真正做到因材施教。

高职学生具备一些共同的特征。但是由于个体的成长环境、教育经历和所受的社会影响不尽相同，因而每个人的身心发展都有各自的特殊性，在学习、能力、兴趣爱好、性格、行为习惯等方面会表现出各种差异，因此需要有针对性地从学生实际出发，制订不同阶段的德育实施方案。

从学生实际出发，不仅要了解学生的共同规律和个性特点，也要了解学生的思想状况。现代社会的发展日新月异，尤其是现代网络的迅猛发展对学生的思想影响非常巨大，因此，高职德育工作需要有的放矢，客观地了解学生，按照学生的本来面貌去对待他，防止、减少和消除“成见效应”，舍弃一切和事实不符的主观主义的臆测和偏见，与时俱进，做到一把钥匙开一把锁。

2. 知行合一原则

所谓“知行合一”，不是一般的认识和实践的关系。“知”，主要指人的道德意识和思想意念。“行”，主要指人的道德践履和实际行动。因此，“知”“行”关系，也就是指道德意识和道德践履的关系，包括一些思想意念和实际行动的关系。它最早由明代思想家王守仁提出，主要包括两层意思：知中有行，行中有知；以知为行，知决定行。其发展到现代，逐渐成为学校德育工作中的重要原则之一。高职德育中坚持知行合一，就是既要重视对学生进行系统的理论教育，又要开展丰富多彩的课外实践活动；既要提高学生的思想认识水平，又要让学生养成良好的行为习惯，把认识和实践、思想和行动统一起来。

贯彻知行合一原则，就要做到理论与实践的有机结合，把感性认识与理性认识结合起来、思想和行动统一起来。首先，需要丰富多样的校园活动使学生的思想认识有实践的感性材料作为基础，防止理论成为无源之水、无本之木，成为抽象的概念与空洞的说教。其次，要帮助学生把实践中获得的感性材料提高到理性的高度去认识，同时要教育学生在理论的指导下去理解感性的东西，学会运用已学过的思想原则、行为标准去分析自我和评价他人。最后，要指导学生把学到的思想道德原则转化为自己的信念和行为动机，并贯彻到具体的行动中去，做到言行一致、知行合一。

3. “三全”育人原则

所谓“三全”育人，是指高校应紧紧围绕立德树人这一主线，遵循教书育人规律、遵循学生成长规律、遵循思想政治工作规律，努力实现全程育人、全员育人、全方位育人的大思政工作格局。“三全”育人原则理念的提出，源于德育实效性不足的现实，也是党和国家对新时期德育工作提出的新要求。坚持“三全”育人原则，有利于增强德育的实效性，推动高职德育的创新发展，提升高职学生的综合素质，促进其全面发展。

高职院校的教师不仅要教书，更要育人，“教书”是为了“育人”，“育人”要依靠“教书”来实现。因此，高职德育工作需要切实遵循教书育人规律，立足立德树人的根本任务，努力实现全程育人。

学生是学校的主体，因此，高职德育工作要以围绕学生、关照学生、服务学生为出发点和落脚点。现在的高职生是随着互联网成长的新一代，他们视野宽广、动手能力极强、更加朝气蓬勃，同时，在知识体系搭建、价值观塑造、情感心理等方面又存在不足，需要加以正确引导，努力实现全员育人。

习近平总书记指出："做好高校思想政治工作，要因事而化、因时而进、因势而新。"[①] 随着形势和时代的发展，高职德育工作也要改革创新，要把德育工作像"盐"一样溶解在各种精神食粮中让学生自然而然地吸收，具体问题具体分析，不断深化对德育工作规律的认识，紧跟高校德育工作新趋势，不断推进改革创新，努力实现全方位育人。

在高职德育实施过程中，"三全"育人应该通过三个方面来体现。首先，育人应该体现在时间的延续上，无时不育人，即学生在学校生活、学习的整个过程都应该成为一个育人过程，无论是课上课下，还是校内校外，学生经历的一切都在履行着育人的使命。其次，育人应该体现在对象的广泛性上，无人不育人，即学校所有的工作人员，教师也好、管理人员也好，都在为育人服务，都扮演着育人的角色，学校中的每一个人以及他的行为都蕴含着育人的因素。最后，育人也体现在空间的广阔上，无处不育人。学校中的任何一个场所，都可以成为育人的有利环境，可以对学生产生潜移默化的影响，促使其成为更好的自己。

4. 情感性原则

所谓情感性原则，是指在德育过程中，充分认识到情感因素的客观存在，充分发挥情感因素的积极功能，以完善德育目标，提升德育实效[②]。瑞士教育家裴斯泰洛齐曾旗帜鲜明地指出，道德教育最简单的要素就是"爱"。"爱"是道德教育有成效的基础，没有爱，没有情感，道德教育就不可能成功。我国近代教育学家夏丏尊先生也曾说："教育上的水是什么？就是情，就是爱。教育没有了情爱，就成了无水的池，任你四方形也罢，圆形也罢，总逃不了一个空虚。"[③] 这都充分说明了"情感"在道德教育中的重要作用。

在高职德育中贯彻情感性原则，既是其德育目标实现的必要条件，也是高职学生情感发展的需要。高职生在校 3 年，除了获得未来在社会中谋生所必备的基本职业技能之外，更重要的是获取悦纳自我、与他人和谐相处的能力，要有现代职业人必须具备的基本的职业精神。不仅要有过硬的专业技能，还应具备积极乐观向上的心态，要有良好的人生态度。而这些非智力因素很难通过训练获得，只能通过情感的体验来提升。因此，须在高职德育中贯彻情感性原则，通过学习情境和活动情境的体验，消除其不良情绪，增强其自信，促进其对自我的认知与定

① 王清义．立德树人：高校党建工作理论与实践［M］．北京：人民出版社，2017：48.

② 陈宁，李传江．论高职德育的情感性原则［J］．职教论坛，2010（24）：77.

③ ［意］亚米契斯．爱的教育［M］．夏丏尊，译．合肥：安徽教育出版社，2015：译者序言．

位，明确自己努力的方向，对自己未来所从事的职业有自豪感、认同感与敬业感，克服迷茫、自卑、颓废等不良情绪对他们造成的消极影响。通过丰富多样的校园活动与课堂活动，增强其情感体验，达到以情促知、以情体悟、以情修心的目的，促进其道德认知、道德情感、道德意志与道德行为的循序渐进发展。

（二）高职德育的方法

1. 发挥高职思想政治理论课的主渠道作用

虽然目前的高职德育有很多种实现形式，但不可否认的是，思想政治理论课（简称思政课）依然是高职德育最为重要的渠道和方式。思政教育是高职德育的重要组成部分，是国家教育方针在高职教育中的具体体现，具有较强的思想性与理论性，其内容自成体系，对高职学生树立正确的世界观、人生观、价值观具有重要的影响，在高职德育中具有不可替代的作用。

通过思政课的理论讲授与实践活动，能把符合国家、社会要求的思想政治相关知识与观念及时、准确、系统地传授给高职学生，使其在人生的关键时刻树立正确的世界观、人生观与价值观。而上述三观的确立是人生的底色，决定着人生的思维、角度、选择和行为，是个体人生与他人之间区别的根本所在。因此，需要发挥好高职思想政治理论课的主渠道作用，抵御社会上不良思潮和观念对高职学生的负面影响，宣扬符合社会主义核心价值观的积极的正能量，使高职学生被积极向上、乐观奋进的思想观念包围，引导其在人生的关键时刻坚定立场、坚强信念，积极融入社会发展改革的大潮中，做出正确的人生选择与价值抉择。

2. 注重回归生活世界

瑞士教育家裴斯泰洛齐提出“生活具有教育的作用”“教育适应自然”，明确提出了“生活教育”的概念和思想。法国教育家卢梭在《论教育》中也谈到道德教育要寓于儿童的“自然生活”，让儿童在自身的生活过程中来获得体验，养成道德习惯，道德教育的目标应指向有道德意义的生活。① 由此可见道德教育与生活有着天然的联系，德育应该来源于生活，注重生活化教育，才能取得令人满意的效果。

高职德育的内容选择应当根据学生现实生活中面临的问题，针对学生日常生

① 邓海霞．道德教育生活化——新时期我国学校道德教育的发展趋向［D］．成都：四川师范大学，2008：1.

活学习中容易面临的困惑来设置安排，帮助学生适应大学生活，树立正确的理想信念，形成正确的人生观、价值观、恋爱婚姻观，具备正确的职业道德观与法律观。高职德育每一部分内容的安排都要回归学生的现实生活世界，都是高职学生需要认真思考和即将面对的问题，对高职学生的学习和生活安排乃至人生的规划都不无裨益。如此，才能真正帮助高职学生解决生活学习中面临的问题，使其具备足够的勇气和能力面对未来的人生。

3. 加强校园文化建设

校园文化是一所学校发展“软实力”的集中体现，高职院校的办学理念是否先进、学校管理是否高效、文化底蕴是否深厚、教学质量是否优良、办学效益是否良好等诸多方面都可以反映于校园文化建设中。高职院校的“职业性”特征又决定了其文化发展必然带有产业和行业特征，具有很高的识别度。因此，需要加强校园文化建设，打造特色校园文化，增强学院的文化软实力。

高职院校校园文化建设，可以从如下几方面着手：以弘扬社会主义核心价值观为主线，系统规划打造学院的物质文化、精神文化、行为文化、制度文化和环境文化；以“产业文化进教育、企业文化进校园、职业文化进课堂”为途径，凸显学院职业文化特色；以校风、教风、学风、工作作风建设为重点，全面提振师生的精神面貌，净化校园风气；开展丰富多彩的校园文化艺术活动，发挥文化育人、艺术养心的教育陶冶作用，打造学院文化品牌；加强校园网管理，办好各种主题网站，加强宣传窗口建设，规范新闻宣传，办好学术讲座，全面加强学院思想阵地建设。

4. 提升学生自我教育能力

马克思主义哲学告诉我们，外因是条件，内因是根本，外因须通过内因起作用。高职德育归根结底是一项教育活动，在此活动中，对于受教育者而言，自我教育是个人在道德上的努力，是道德行为主体在其品德发展中自觉能动性的表现。在这里，高职德育创设的教育环境即使再好再完美，也始终是外在影响因素，其效果如何终究要通过学生的内生发展起作用。因此，需要有计划地指导和培养学生提升其自我教育的能力，如此德育才是有效的，才会更好地助力学生未来的成长。

孔子曾指出，三人行必有我师焉。他告诉我们一个道理：榜样是无处不在的，关键是要有发现榜样的眼睛，这使我们明白，个体随时都可以在周围的人群中找到学习的目标和方向，取他人之长可补己之短。他教人正确认识自己、定位自我，在与他人的相处中提升自我，这也是人之自我教育能力的一种充分体现。高职德育中提升学生的自我教育能力，就是要通过系统的设计、系列活动、有体系的课程安排，让学生在同辈群体、教师群体和社会群体中寻求榜样，激起学生自我教育的愿望、培养学生自我道德评价的能力、启发学生养成自我教育的良好习惯，真正做到“见贤思齐，见不贤而内自省也”。如此，学生才会在未来纷繁复杂的人生变化中及时调整自己，以良好的心态面对生活和工作中的挫折困难，快速找到努力的方向，从而拥有较为平顺的人生。

第三节　高职德育微观分析

一、价值观教育力量不足

（一）社会主义核心价值观引领地位不明显

党的十八大提出，倡导富强、民主、文明、和谐，倡导自由、平等、公正、法治，倡导爱国、敬业、诚信、友善，积极培育和践行社会主义核心价值观。富强、民主、文明、和谐是国家层面的价值目标，自由、平等、公正、法治是社会层面的价值取向，爱国、敬业、诚信、友善是公民个人层面的价值准则，这 24 个字是社会主义核心价值观的基本内容。社会主义核心价值观是社会主义核心价值体系的精神内核，它是对我们要“建设什么样的国家、建设什么样的社会、培育什么样的公民”等重大问题的深刻解答，体现了社会主义核心价值体系的根本性质和基本特征，反映了社会主义核心价值体系的丰富内涵和实践要求，是社会主义核心价值体系的高度凝练和集中表达①。

在 2017 年 10 月 18 日召开的党的十九大中，习近平同志在报告中郑重指出，要培育和践行社会主义核心价值观。要以培养担当民族复兴大任的时代新人为着眼点，强化教育引导、实践养成、制度保障，发挥社会主义核心价值观对国民教育、精神文明创建、精神文化产品创作生产传播的引领作用，把社会主义核心价值观融入社会发展各方面，转化为人们的情感认同和行为习惯。

社会主义核心价值观及其对应的体系内容是国家、社会、个人三个层面的价值取向，代表着当代中国社会最为认可的价值选择，具有普遍性和共性，是所有

---

① 本书编写组．思想道德修养与法律基础［M］．北京：高等教育出版社，2018：75.

中国公民都应该遵守的基本行为规范。高职教育培养的毕业生，是未来社会生产一线技术人才的中坚力量，是未来公民的重要组成部分，也是践行社会主义核心价值观的重要群体。因此，这 24 个字理应成为高职院校德育的基本内容纲领，成为高职价值观教育的基本指导思想。

但是，目前的高职德育中所呈现出来的状况却是，虽然社会主义核心价值观的内容有所体现，但更多集中表现于思政教育课堂的理论传授，仅仅停留在学习与宣传阶段，并未把其作为整体的纲领来设计和实践学院的价值观教育，也没有深刻地把这 24 个字的内容贯彻到学生管理、社团活动、文化教育、专业教育的各个领域中，总体而言其引领作用不甚明显。而高职院校也未建立起有效的社会主义核心价值观践行体系，缺乏学生在学习过程中潜移默化地接受核心价值观影响的教育环境，致使学生出现社会主义核心价值观理论学习与实际践行的不符行为，“知”“行”脱节现象较为普遍。

（二）学校核心价值观主体地位不鲜明

高职教育的主要任务是培养行业发展所需的专业人才，这决定了高职院校的价值观教育除了进行国家和社会所认同的价值规范教育之外，还应当有自己的特色，需要确立符合自身行业、产业特征的核心价值观并付诸教育实践。但是，目前很多高职院校在这方面的探索甚少且成效并不显著，有的高职院校只是在机械地传达国家的社会主义核心价值观，没有结合学校实际和行业特点确立体现自己职业特点与行业特色的核心价值观；有的高职院校虽然已经有了自己的核心价值观，但是并没有在全校范围内进行宣传贯彻，没有把学院的核心价值观深入德育工作中、深入学生的价值观教育中。整体而言，学校核心价值观的主体地位不鲜明，不能体现出高职教育应该具备的行业性和产业性特点。

此外，高职院校核心价值观主体地位不鲜明，还表现在缺乏围绕核心价值观的德育内容体系设计、缺乏从学校层面上对高职德育进行顶层设计等方面。高职德育的核心价值观，是根据学院预定的培养目标，对学院的德育状况与学生基本情况进行综合分析后才能确定的，且德育内容的选择、取舍、设计、安排也应当围绕已确定的培养目标和核心价值观来进行。

（三）网络价值观教育力度不够

目前，迅速发展的网络已经成为高职生日常生活中不可分割的一部分，深深影响着其学习、交往、心理、消费等诸多方面。网络上的内容庞杂，良莠不齐，呈现出多元的价值观，对于正在成长中的高职生而言，这是一个充满未知、挑战与机遇并存、可以开阔视野的全新世界。但同时，高职生的世界观、人生观、价值观还未成熟，他们的分辨能力还不强，很难抵制网络上形形色色的不良诱惑。网络暴力、网络行骗、不良贷款、非正常交往等问题行为层出不穷，给学生及其家庭都带来了极大的心理压力和经济负担，严重的甚至影响学生的学业，导致其非正常中断；影响学生之间原本和谐纯洁的同学关系，导致彼此间的不信任与冷漠疏离；影响学校的社会声誉，使之受到一定程度的损害……

此外，由于网络的虚拟特点，对人的道德水平也难以衡量，高职生于其中也会有意无意地降低对自己的要求，执行与现实生活中截然不同的道德标准，从而导致其道德认知与道德行为的混乱与脱节。这些现象的出现都给高职生的价值观教育带来了很大的冲击，这些问题都暴露出高职院校网络道德教育尤其是价值观教育力度的严重不足，高职学生的网络价值观教育成为高职德育不可忽视的重要新领域。

二、课程教学生活化不足

（一）德育目标设计脱离现实

目前，高职院校的德育课程主要体现在国家规定的思想政治理论课，内容涉及学生成长的诸多方面，体现了国家的战略要求。希望青年学生在认真学习之后，能够领悟人生真谛、坚定理想信念、树立科学的世界观人生观价值观、明大德守公德严私德、具备优秀的法治素养，系统掌握中国化马克思主义的形成发展、主要内容和精神实质，不断增强中国特色社会主义道路自信、理论自信、制度自信和文化自信，做改革创新的生力军，自觉成长为担当民族复兴大任的时代新人。这样的目标设计放置于国家、社会视野没有任何问题，是中国特色社会主义新时代对新青年的必然要求。但如果把其置于高职教育视野中，此德育目标就表现得太远、太大、太空，脱离了高职德育的现实而表现得太过理想、不够具体，缺乏层次性、针对性和实践操作性。

回到德育目标本身，社会本位的传统对高职院校德育目标的确立影响较大，导致德育的工具价值在高职院校表现得更为鲜明，从而忽略了其本体价值。如此观念下制订的德育目标，往往只重视德育的社会功能发挥而忽视了德育的个人功能满足。强调社会本位和知识本位，以社会发展遮蔽人的发展，就会脱离人才培养的真正需要，使得德育的实效性无法得到充分发挥。我们深信，道德修养的提高本质上是为了个体自我需要的满足和追求幸福，这种目标的达成客观上又有利于他人需要的满足和社会的和谐，这应该是德育存在的最基本人性依据。但现实的情况远非如此，因此高职院校德育中存在着一个十分荒诞的悖论：一方面强调德育是培养人、塑造道德人格的活动；另一方面又把学生当作被动接受道德灌输的接收机器。这种非道德的物性化德育不可能培养和塑造出道德人格和健康人格，只会造成受教育者知情意信行脱节的人格分裂，导致德育目标与教育方式之间的矛盾。[①] 由此可知，重新探究高职德育目标的价值与意义，重视其本体功能的发挥势在必行。

（二）德育教学方法创新不足

高职德育目标的实现主要依托德育工作来完成。传统的高职院校德育工作以理论教育为主内容、课堂教学为主渠道、灌输教育为主方法，强调德育的整体化，忽视学生个体品质的多样性、层次性；注重德育的知识化，满足于用满堂灌输的方法，进行特定价值观念和道德准则的传递；停留在道德知识的宣讲和伦理谈话上，忽视学生的价值判断和选择能力的培养。[②] 造成这种困境的原因是多方面的，但究其根本在于德育教学方法的创新不足。目前的高职德育教学作为德育目标实现的主渠道，仍然存在着不少问题，其中较为显著的就是教学方法较为单一，仍然沿袭理论教学为主、实践教学为辅（甚至没有）的教学模式，为此笔者也做过一些相关调查，发现情况大抵如此。究其原因，主要在于目前的高职院校虽然投入了大量的人力、物力、财力进行实训基地建设，却普遍缺乏德育实践基地，大班授课现象也较为常见，致使其教学方法无论如何创新，也难以改变理论灌输、单一讲授的局面，不能真正做到理论与实践相结合。如此导致的一个直接后果就是高职院校德育智育化的倾向十分普遍，德育教育变成认知教育和知识教育，德育过程变成知识的接受和掌握过程。受条件所限，教师在实施教育的过程中也难以充分发挥学生的主体地位，道德规范仅仅停留在理论探讨的阶段，难以有效内化为学生的道德信念与道德情感，更遑论外显为学生的道德行为。如此，高职德育目标的完成依然依靠“他律”来实现，离“自律”的理想状态仍有差距，效果自然有限。

---

① 刘翠英．高职院校德育工作存在的问题与对策［J］．教育与职业，2010（5）：69.

② 刘翠英．高职院校德育工作存在的问题与对策［J］．教育与职业，2010（5）：69.

此外，科学技术的不断进步与传媒载体的多样化发展使得高职学生的生活由校内向校外转移，这就要求更加开放的学生管理与多样化的德育方法等，但现实的情况则是很多高职德育工作者仍然沿袭已有的德育经验，按照常规的工作方法来完成德育工作，导致学生的需要得不到满足，提供的服务又不是学生感兴趣的，弱化了德育效果。

（三）德育评价模式有待改进

1. 评价方式重理论而轻实践

高职德育内容庞杂、体系复杂，涉及历史、哲学、社会学、心理学、政治学、法学等诸多学科，且其教学效果的实现均有赖于“养成”而无法“速成”。但与此矛盾的是，其教学时间非常有限，而且连贯的教学经常会被学生的实训打断，就时限而言，已经尽显仓促。

从目前一些高职院校德育课程的评价方式来看，都比较偏重于对学生掌握德育理论的考核，往往只以试卷评价的方式进行，以“分”定优劣、以成绩论成败的现象十分普遍。针对学生思想道德素质的评价完全被忽视，社会实践、公益活动评价、平时表现都不在考核范围。而且由于德育考核的结果既不能作为学生评优、获取奖学金的条件，也不能成为学生毕业的必要条件之一，因此很少有学生去重视德育素质的评价。这样的评价方式忽视了德育的真正目的是育人，忽视了学生的主体性作用的发挥和独立的情感体验，也忽视了德育的实践功能与社会功能。德育评价形式大于内容，失去了德育评价的导向功能，导致了德育的知、行脱节，这在一定程度上影响了学生道德自觉性的发展和道德自主判断与选择能力的培养，难以使学生的思想品德素质整体得到发展，难以使之成为和谐、自由、全面发展的人。

2. 评价结果不能反映学生真实水平

当下，很多高职院校的思想政治理论课的评价方式是“期末考试＋期中考核”，采取百分制的评价方式，而学生的学习效果如何却很难知晓更无法测量。因为用一个既定的分数来衡量学生的政治素质、道德素质、思想素质和心理素质的成长，本身就非常单薄，因此，分数对于学生的正确评价的意义也就难以体现。我们在对学生进行评价之时，很难说得分高的学生就一定比得分低的同学素质高或者觉悟高，卷面分数只能反映该学生对于本门课程的一种学习态度而已。但现实的矛盾是，教师对学生的德育评价依然只能通过分数来体现，对于课堂表现较为积极、优异的学生给予较好的分数，而对于学生真实的道德水准和思想政治素质高低则无暇顾及。因此，经常会出现思想道德课拿高分的同学在现实生活中不能很好地践行道德要求的现象，教学评价难免流于形式而忽略内容本身被学生接受的程度。这样的评价结果对于学生在现实生活中的指引也是非常有限的，并没有提升其生活的意义与价值。

3. 评价机制创新性不足

德育评价体系的创新重点在于德育考试，而德育考试主要存在三个问题：一是考试与评价界限不明；二是考智与考德划分不清；三是考知与考行限定不准。[①] 其根本原因在于德育评价机制形式化，对德育工作缺乏足够的重视。教育评价是教育改革与发展的重要杠杆，德育的改革与发展也离不开德育评价。学生良好品德的养成是长期循序渐进的过程，这正强调了良好人生观与世界观形成的长期性。这也是德育区别于知识技能教育的根本所在。这一特点要求有科学的德育评价机制与之相配套。然而，一些教育行政部门在评价学校德育工作时，其常规做法是提前通知。而学校常采取突击准备与强化训练并举的应对措施，尚未建立起一套科学的、常规的评估机制。至于德育工作的实效性，则往往被排除在评价指标之外。在这种背景下，部分职业院校在办学过程中，只强调职业技能教育，对职业生的思想品质、职业道德严重忽视，有的职业学校特别是规模较小的民办职业学校甚至没有开设德育课程，没有专职德育教师，学生的思想道德修养成为职业院校普遍的短板。

三、内容体系构建不完善

（一）在教育内容选择上重职业技能教育而轻素质教育的现象较为突出

目前，我国高职教育在经过长足发展之后，已经转入内涵提升阶段。在其发展前期，尤其是在示范校建设的过程中，工作过程导向的教学模式得以大力推广，这种教学模式对提升学生职业技能的培养不无益处，但因此弱化了学生整体素质的提升与培养。从高职教育的发展全局来看，我国高职教育一直倡导“以就业为导向、以能力为本位”的教育理念，在此理念的指引下，许多高职院校片面地将“能力”理解为专业知识与技能的训练与提高，忽视了学生人格的养成与

---

① 于明盛．高校思想政治理论课考试方式探讨［J］．思想理论教育导刊，2009（6）：20－23.

自身素养的提升，由此导致在实际的工作中把职业技能的培养和培训放在首位，在人才培养目标上具有较强的工具意识，忽视了高职学生传统道德、职业精神和职业素养等人文素质的培养，使学生虽然具有较强的专业知识和职业技能，却缺乏社会责任感和现代文明道德，很难适应、融入社会。[①] 重职业技能教育而轻素质教育的内容选择，从某种程度上会制约高职人才培养目标的实现，使高职教育的素质教育水平相对落后于其职业技能教育水平，有违职业教育“立德树人”“全面实施素质教育，科学合理设置课程，将职业道德、人文素养教育贯穿培养全过程”的教育初衷，不利于学生全面、可持续发展。如此，学生就业后，面临区域经济的快速发展和产业转型的迅速升级时，就会很难满足形势变化的需求而面临被淘汰的命运。

（二）素质教育内容体系不够完善

高职素质教育内容体系的构建是一项系统工程，其内容的选择取舍、安排实施、层次顺序等都是构成这个有机体的组成部分，且每一部分内容都不是单一存在的，它们彼此联系，并具有针对性与目的性，为达成一定的教育效果而存在。目前，虽然部分高职院校做出了积极探索，形成不少具有个性特点和推广价值的好思路、好方法、好做法，但就整体而言，在内容体系构建上还不够完善，许多研究还处于初级阶段，停留在点上摸索，个别探讨、个性实践较多，系统研究、整体策划、全面实施较少，各自为政、支离破碎情况较为普遍。具体来说，由于“重技能轻素质、重就业轻发展”现象的存在，很多高职院校并未从学校层面上对高职素质教育内容体系进行系统的设计与规划，素质教育内容不成体系或者不完善现象普遍存在。即便是已有的内容也存在不少问题，有的是片面地将公共基础、人文类教育内容理解、等同于素质教育内容，内容的安排只要完成国家的要求即可，没有符合自己院校实际情况的设计；有的只是简单地反映通识教育的内容，培养作为“人”的基本素养，而对区域文化、行业文化、产业文化与职业文化的反映不足，缺乏职业素质教育的针对性。如此格局之下，高职素质教育难以有完整的内容体系。然而高职教育培养的不是“工具人”，而是全面发展的社会人。[②] 因此，完整的高职素质内容应该是具备科学文化、思想道德、身心和谐、职业精神等方面素质修养的有机体，只具备或者注重其中的一方面或者几方

---

① 王志凤．高职人文素质教育现状及对策分析［J］．教育与职业，2015（6）：46.

② 刘洪英．基于职业素养养成的高职人文素质课程建设研究［J］．教育探索，2016（4）：45.

面都是不完整、不成体系的。

（三）现有内容体系不能鲜明体现高职教育特点

高职教育从诞生之日起，就承担着为地方经济建设与社会发展的需要服务的重要使命，时至今日，此种使命依然存在且表现得更为重要。高职教育培养的毕业生，大都成为地方区域经济发展所需的一线技术技能型人才，这些人才的整体素质决定着整个区域的整体技术水平，从某种程度上来讲，甚至决定着其所在区域的社会文明程度。因此，高职院校应为促进学生全面发展的素质教育提供动力、机制、平台和保障条件，缺少这样的体系，人才培养和教育教学质量就会大打折扣，学生毕业后不能从容面对纷繁复杂的经济社会和风云变幻的市场竞争的要求。① 高职教育不同于本科教育，所面对的教育对象和本科生有着巨大的差异，他们个性鲜明，思想活跃，勇于探索，敢于表现，但理想信念较为缺失，价值取向多元、功利，以自我为中心，心理承受能力偏弱，缺乏吃苦耐劳的精神等。与本科生相比，他们的动手能力、专业技能和社会适应性比较强，但自律意识、文化基础、学习习惯较差，自信心相对不足。② 这就要求高职素质教育不能与本科院校完全一致，需有的放矢，体现出自己的特点。但是现实并不尽如人意，纵观已有高职素质教育内容体系，大都和本科院校的体系一致，不能体现高职教育的特殊性。因此，高职素质教育内容体系的设计要避免成为本科教育的复制品或者从属品，应在体现"高等"的教育属性之时，同时兼顾"职业"的教育属性。

（四）内容设置受到诸多限制，且更新滞后

认真审视当前高职院校德育内容的设置，不难发现由于受学制年限、师资条件、物质基础的限制，德育内容的更新与拓宽相对滞后。目前，思想政治理论课仍是许多高职院校德育教学的唯一现实存在，学生心理辅导、就业指导、品德培养一直处于薄弱状态，德育实践课更是少之又少。整体而言，德育内容重理论轻实践、重知识轻能力的倾向十分严重，极强的理论性与知识的体系性使其容易陷入空洞的说教，难以及时反映社会价值观的变化与道德发展的需求，也容易与社会实际、学生思想实践相脱节，从而不适应这个丰富多彩的知识时代与瞬息万变

① 王昆．对高职素质教育的认识与实践［J］．教育与职业，2013（1）：167.

② 刘明涛．构建高职院校学生素质教育体系的实践探索［J］．学校党建与思想教育，2013（7）：87.

的信息时代。单从目前我国高职院校的德育课程的设置来看，它主要由思想道德修养与法律基础、毛泽东思想和中国特色社会主义理论体系概论、形势与政策几部分构成。这些课程以思想政治理论教育为主，内容设置多随国家大政方针，主要局限于政治理论知识的普及，在传统文化、世界观、人生观和价值观的阐述方面也是提纲挈要，缺乏与高职学生实际状况相配套的教育内容，导致其说服力和感召力严重不足。教条化的德育内容也限制了教师的教授，使之往往更多考虑理论的完整、体系的连贯与逻辑的严密而只注重理论知识的传授，忽视了对学生基本品德素质的培养和道德实践能力的提高。与此同时，学生的学习也仅仅停留在德育知识的认知层面上，无法将其内化为自己的道德信念，进而养成相应的道德习惯。而德育教育如果缺乏实践，就缺少了反思，其针对性和实用性也会大大降低，最终导致高职思想政治教育缺乏实效性。

不仅如此，高职院校德育内容还存在“人学空场”“目中无人”“见物不见人”现象，[①] 即不够重视人的发展。长期以来，高校德育偏重于政治和道德，对学生作为一个人的正常发展需要往往较为忽视，而在政治教育上也比较偏重于观点的灌输和立场的训练，高职德育更多地关注社会发展而非人的发展；更多地关注教育者的主导性而忽视了受教育者的主体性，对教育对象的自觉能动性调动不够；更多地强调以社会规范来教育人、以理想化的目标来要求人；更多地关注教育要求的一致性而忽视了学生的个性等。[②] 这些现象的存在都要求高职德育做到与时俱进、实时更新，满足社会发展与人的发展需求。

基于上述分析，笔者拟从高职德育与核心价值观、高职德育的教学生活化、高职素质教育内容体系的构建三个角度探索高职德育，以期对其发展做一些有益的探索与尝试。

① 沈壮海．论高校德育的人本追求［J］．思想政治教育研究，2009（11）：12－13.

② 刘红军．高职院校德育教学现状与创新的思考［J］．河北师范大学学报（教育科学版），2010（6）：52.

第二章

高职德育与核心价值观

价值观是主体对周围一切客观事物的意义、重要性的根本观点和评价标准，它是人们判断事物有无价值及价值大小的准则。价值观对个人与社会有着导向作用，是决定人们行为的心理基础，是决定人们看法和行为的根本出发点。价值观不是与生俱来的，它具有主观性，是人们在社会化的过程中逐渐形成的。树立正确的价值观，才能树立正确的人生观，才能实现自身的价值。因此，价值观教育是现代德育教育的重要内容。

价值观教育是一个永恒的课题，亦是一个动态的课题，在不同的历史时期、不同的社会背景下，价值观教育的内容、形式和途径都会有不同的表现形式。习近平总书记曾指出，任何一个社会都存在多种多样的价值观念和价值取向，要把全社会意志和力量凝聚起来，必须有一套与经济基础和政治制度相适应并能形成广泛社会共识的核心价值观。① 核心价值观是一定社会形态、社会性质的集中体现，在一个社会的思想观念体系中处于主导地位，体现着社会制度、社会运行的基本原则和社会发展的基本方向。核心价值观也承载着一个民族、一个国家的精神追求，体现着一个社会评判是非曲直的价值标准。② 正如习近平总书记所说："一个民族、一个国家，必须知道自己是谁，是从哪里来的，要到哪里去，想明白了、想对了，就要坚定不移朝着目标前进。"③ 核心价值观是民族文化的核心力量，也是民族精神塑造的必不可少的核心力量。

青年的价值取向决定了未来整个社会的价值取向，而青年又处在价值观形成和确立的时期，抓好这一时期的价值观养成十分重要。这就像穿衣服扣扣子一样，如果第一粒扣子扣错了，剩余的扣子都会扣错。人生的扣子从一开始就要扣

---

① 习近平．习近平总书记系列重要讲话读本（2016年版）［M］．北京：人民出版社，2016：189.

② 本书编写组：思想道德修养与法律基础［M］．北京：高等教育出版社，2018：75.

③ 习近平．习近平谈治国理政（第一卷）［M］．北京：外文出版社，2018：168.

好。[①] 因此，价值选择对于高职生来讲意义重大，如果行差踏错，可能会影响其一生。高职德育的效果如何，与高职院校自身的校园文化息息相关，而核心价值观又是校园文化的中坚力量。因此，不能绕开高职核心价值观讨论高职德育，而在探讨二者的关系之前，我们必须先厘清几个问题：什么是核心价值观？它与学校文化之间的关系又是什么？高职核心价值观的确立和高职德育之间有什么内在的联系？这也是本章所要探讨的问题。

第一节　学校核心价值观概述

一、学校核心价值观的内涵

（一）价值观的含义

1. 价值与价值观

在讨论价值观之前，我们先了解一个基础概念——“价值”。从字面来看，所谓价值，即物对人的有用性。再言之，就是指有意义的，可以交换的，值得与他人交易的；在英文中，价值的字义使用“value”这个单词，意思是一种可欲的东西，就是指这个东西是值得我们追求的。由此看来，不论英文还是中文字义，价值都指的是一种值得交易的，或者是值得我们去追求的。[②] 对于价值的定义，可追溯到古希腊哲学家亚里士多德。他说：“凡是可欲的皆是值得追求的，凡是值得追求的皆是有价值的。”[③] 也就是说，价值是一个哲学的范畴，它是指主客体之间的一种特定的关系，即用来满足主体需要或主体需要被客体满足的一种效益关系。换句话说，要判断某个事物有没有价值，标准就是它能不能满足其他主体的某种需要。如果能满足一定需要，那它的存在就有了一定的意义，说明这种事物就是有价值的。反之，如果不能满足需要，它对于主体来说就是无用的，甚至是有害的。价值大小的程度取决于满足度，满足度越高，证明有用性越大；相反，满足度越低，有用性越小，其价值当然就越小。

基于上述对“价值”的理解，我们可以这样认为，价值观就是我们在处理有关价值事宜过程中持有的根本观点和方法。从价值观的形式来看，价值观念是由人们对存在事物的基本价值的看法、观点、理想等构成的，它的思想形式具有

① 中共中央文献研究室．十八大以来重要文献选编［M］．北京：中央文献出版社，2016：6.

② 王红艳．高职院校价值观教育研究［D］．石家庄：河北师范大学，2012：3.

③ 卜亚楠．论公证的价值［J］．法制与社会，2012（10下）：25.

多样性的特点。就其内容来说，价值观念是主体根本地位的一种反映。价值观起着评价的作用，是人们心中用来评价事物的对与错、好与坏、轻与重、成与败的“天秤”和“标尺”。人们就是凭借这样的“天秤”和“尺度”去分析、判断、衡量一切人和事，并由此得出自己的态度，从而做出自己的选择。

从小处来说，价值观是主体对周围一切客观事物的意义、重要性的根本观点和评价标准，它是人们判断事物有无价值及价值大小的准则。价值观对个人与社会有着导向作用，是决定人们行为的心理基础，是决定人们看法和行为的根本出发点。价值观不是与生俱来的，是人们在社会化的过程中逐渐形成的。树立正确的价值观，才能树立正确的人生观，才能实现自身的价值。对于具体的个人来说，价值观是他的理想，是其价值取向，在个体的人生和事业中，价值观是最重要的精神支柱和动力源泉。

从大处着眼，价值观是人类和社会文化精神系统中深层的、起着主导作用又相对稳定的成分，涉及人类生活的方方面面。价值观不但人人有、时时有、处处有，而且个人、集体、民族、阶级、国家和社会都有；不仅反映在当下，反映在具体事情上，还决定了每个人在人生、事业、社会发展上的选择；它还是一个国家和社会的思想文化、意识形态体系中最核心、最根本的内容，有人甚至形容价值观是国家、社会大系统的“软件”，主导着国家发展的方向。

综上所述，价值观是人们行为最基本的内部指南，对行为和决策起着重要的指导作用，人们所有的行为都受到价值观的支配。在日常生活中，人们也总是依据自己的价值观对事物进行分析和判断，从而能做出轻重缓急的选择，并按照选择行动。因此，通过人们的行为表现可以探究和分析其价值观的特点。同样，通过一个人的价值观也可以预测他的理想、目标、信仰及行为。与此同时，价值观教育也是一个永恒的必然存在，它会根据不同的历史时期、社会背景选择不同的教育内容、呈现不同的形式、采取不同的途径，但永远不会缺席，永远在发挥作用。故而，古往今来，价值观教育始终都在德育教育中占据着一席之地。

2. 价值观的特征

（1）主观性

价值观是人类对周围一切事物区分好与坏、是与非的标准。我们平时所说的真与假、美与丑、善与恶、对与错、成与败的标准都是个人内心的尺度，这些标准都可以称为价值观。也就是说，对于一切客观存在的客体，个体都是依据主体自身的需要来赋予其意义的。从这个角度来看，价值观具有主观性，主观性是其首要属性。

（2）选择性

价值观不是与生俱来的，没有一个人的价值观是由先天因素决定的，它是随着个体的出生成长，在社会生活实践影响下逐步萌发和形成的。从人的生命周期发展来看，个体的价值观形成主要集中于青年期。在这个时期，主体积累了一定的科学文化知识，积累了一些必要的生活经验，心理发展趋于成熟，对外在世界的价值属性已经有了基本的认知，有了自己的价值判断，开始有意识地选择自己认同的评价标准，而不是被迫接受，从而形成个人的价值观。由此可见，价值观是经过选择而获得的，这种选择是自由的选择、主动的选择，因此价值观具有选择性。

（3）稳定性

个体的价值观不是天生的，而是随着人的社会性不断发展而成长的，是随着人生历程逐步形成和发展的。价值观一旦形成，便具有相当的稳定性，不易改变。这种稳定性促使个体的行为较为一致地朝向某一目标和带有一定的倾向性，并通过各种方式进行表现，例如信念、态度、看法和选择等。一般而言，个体的青年时期是价值观形成并逐步定型的关键时期，因此这个时期的价值观教育就显得尤为重要。

（4）社会历史性

习近平总书记曾指出，一个民族、一个国家的核心价值观必须同这个民族、这个国家的历史文化相契合，同这个民族、这个国家的人民正在进行的奋斗相结合，同这个民族、这个国家需要解决的时代问题相适应。① 正如马克思所说的那样，人不可能超越他所处的时代，每个人都必须在特定的时空中活动。任何一种价值观都不是凭空产生的，总是与一定的社会生活环境紧密相关的，因此，价值观具有社会历史性，是社会文化的集中反映。在不同的历史时空里，价值观总是会呈现出其特殊的时代烙印，与这个时代中人的需要息息相关，而且由于社会处于不断发展变化之中，人们的价值观也会随之发生变化。从个体价值观的形成来看，社会化过程是持续终生的事，人的价值观也会处于边形成边发展变化的状态。

（5）系统性

价值观是系统的，对于个体而言，其价值观的形成与产生必定与其世界观、人生观有着莫大的关系，它们自成体系，统一于这个个体身上。对于一个社会而

① 习近平．习近平谈治国理政（第一卷）[M]．北京：外文出版社，2018：171.

言，价值观也不是孤立地、单独地存在着，而是按照一定的逻辑关系和意义有序地联结在一起，它有一定的结构层次和系统，有着丰富的内容。任何一个社会在其发展运行过程中，都会产生核心价值观以及由此而来的价值体系，价值观是这个体系中的一部分，某个单一的价值观本身是没有意义的，它的作用和意义只有处在整个价值系统中才能显示出来。

3. 价值观的导向作用

价值观对个体的导向作用是系统的、深层的，它决定着人的自我认识，直接影响和决定人的信念、信仰、理想，是一种内心的尺度，为人的行动提供充足的理由。[①] 在现实生活中，一个人选择什么样的生活道路，实际上都是在价值观的指导下进行的。价值观不同，人们的精神面貌和行为取向就截然不同。同时，国家和社会也有自己的价值观。一个社会的价值观是该社会在某个特定的历史时期所特有的文化、文明的精神实质，是这个社会的显著标志。它能够为社会中的大多数成员认可和信奉，是用来指导社会成员个人与他人以及个人与社会行为和价值取向的价值体系。正因为如此，价值观在精神文明建设中往往占有核心和主导的地位。

当下的高职学生，正处于价值观念深刻变革的时代。就国际时代背景而言，互联网技术的普及与发展把世界变成一个“地球村”，东西方之间、传统与现代化之间、发达国家与发展中国家之间、社会主义与资本主义之间等不同文化和价值观体系的冲突，在国际生活和社会生活中表现得越来越明显，其影响也日益突出。就国内形势发展而言，我国目前正处于中国特色社会主义新时代，这个新时代，是承前启后、继往开来，在新的历史条件下继续夺取中国特色社会主义伟大胜利的时代；是决胜全面建成小康社会，进而全面建成社会主义现代化强国的时代；是全国各族人民团结奋斗、不断创造美好生活、逐步实现全体人民共同富裕的时代；是全体中华儿女勠力同心、奋斗实现伟大复兴中国梦的时代。这样伟大的时代，需要有先进的思想文化和主导价值观与之相适应，为我国建设事业的成功提供有力的精神保证。因此，要把中国社会价值观建设贯穿于整个建设中国特色社会主义这一伟大事业的始终，在社会生活中发挥强有力的作用。

作为对社会发展变化最为敏感的群体之一的高职学生，对其在校期间进行价值观引导是非常必要的事情。科学地分析探究高职学生价值观的变化原因、变化

---

① 王红艳. 高职院校价值观教育研究［D］. 石家庄：河北师范大学，2012：7.

特点和趋势，帮助其构建健康、科学、理性的价值体系，不仅是当前高职院校德育工作的重要任务，而且应该成为全社会都必须高度重视的重要课题。

（二）学校核心价值观的概念

核心价值观是一定社会形态社会性质的集中体现，在一个社会的思想观念体系中处于主导地位，体现着社会制度、社会运行的基本原则和社会发展的基本方向。[①] 它在价值观体系中处于中心地位，是价值观的中心和内核，代表着价值观体系的总方向和总特征，对于其他处于从属地位的表层价值观念起着统率作用，为表层价值观的确立提供方向和依据，从核心价值观中引申出一般价值观，从而形成核心价值观的外围“保护带”。

一方面，从字面上分析，“核心”指的是具有本质意义和关键的思想精髓，它体现价值体系的基本价值方向，是统摄其他价值观念的核心价值目标和价值导向。因此，学校核心价值观是指在学校价值观念体系中处于核心、支配地位的价值观，它包含两个层面的意思：一是地位上的主导、核心；二是作用上的引导、导向。这两层意思互相补充、互相影响。其中，地位上的主导、核心决定着作用上的引导、导向，后者又是前者在操作层面上的延伸。它们共同对学校的存在和发展起着推动和影响作用。

另一方面，学校作为教育机构和教育组织，同样属于“社会组织”这一大家庭中不可或缺的一员。进而，我们从组织学的角度来分析学校核心价值观，得出学校核心价值观是指学校作为一个特殊的组织群体，在其组织哲学的引导下，为追寻统一的目标、实现共同的使命，在教育教学实践中形成的能指导学校全体成员发展并能被全体成员普遍接受与认同的最为核心的价值信念、行为准则和判断标准。学校的核心价值观是“学校”这一组织用以判断其自身发展和运行当中大是大非的根本原则，是学校提倡什么、反对什么、赞赏什么、批判什么的真实写照。

根据前文论述，我们可以概括出学校核心价值观的概念，就是指学校在长期办学实践活动中经过倡导和培植而逐步形成和确立的，具有激励学校成员奋发向上作用和规范学校办学行为的群体意识，它是全体员工都必须信奉的信条，也是指导学校及其成员所有行为的根深蒂固的原则，是学校从上到下的全体成员的教育信仰，是学校价值观的核心。它是回答一所学校办学主体对“办什么样的学

① 本书编写组．思想道德修养与法律基础［M］．北京：高等教育出版社，2018：74.

校”“如何办好这样的学校”等问题时的价值判断和选择，也决定着这所学校的办学方略和目标，决定着学校的育人质量。

（三）学校核心价值观的分类

借鉴价值观从主体角度划分可以分为个体价值观和群体价值观的分类方法，本书把学校核心价值观分为学校组织核心价值观和学校群体核心价值观。

1. 学校组织核心价值观

作为社会组织的一部分，学校是一个具有教育性质的社会组织，在社会的运行中有其独特的地位与作用，承担着不同于其他社会组织的使命。在社会系统中，学校这一“组织”若想健康、有序地发展，就必须找准自己的发展方向，核心价值观的确立就是其有效保证。

学校组织核心价值观，就是以学校组织为主体的价值取向，是学校组织对其所处环境及周围事物的基本认识和总体评价，是学校在其发展过程中所形成的关于学校发展的最为核心的价值准则。学校组织核心价值观是“学校”这一“教育组织”层面上的核心价值观，它涉及学校价值发展的选择、学校功能的设定、学校发展目标的定位以及学校人才培养目标的定位，并且体现在学校的办学思想、办学理念、培养目标、学校发展规划（短、中、长）和校训上。一言以蔽之，学校组织核心价值观就是学校发展的顶层设计。它是“学校”这个组织整体发展的核心价值观，对学校内部其他各种各样的群体价值观起着统摄作用，明确了学校的发展思路。

2. 学校群体核心价值观

群体核心价值观反映的是群体对客观存在的价值现象和价值关系的一种意识和感觉，以群体的价值需要和价值选择为直接依据，体现群体特定的年龄、兴趣、爱好等生理、心理特征和经历、阅历等时间因素。学校群体核心价值观是学校在其发展过程中形成的，能够被大多数学校成员认可、推崇的群体的核心价值观。学校群体核心价值观与学校组织核心价值观有着天然的联系，前者是后者的深化，后者是前者形成的基础，二者的主旨是相吻合的，在根本价值取向上是一致的。作为一种群体的核心价值观，学校群体核心价值观一经确立就对学校中存在的个体价值观具有统摄和价值导向的作用。它让学校每个成员都明了什么是学校倡导的，什么是学校反对的，什么是学校成员应该做的，什么是学校成员不应该做的，如何做才是有效果的。作为学校的一分子，只有做与学校群体核心价值观相符的事，才能得到群体的认可和肯定，反之就会受到批评和指责，学校群体核心价值观指导和制约着学校内部存在的形形色色的个体价值观。

（四）学校核心价值观的特征

1. 统领性

学校核心价值观之所以在学校的价值体系中居于中心地位，原因就在于它代表着学校价值体系的总方向和总特征，能够把除它之外的各种不同的价值观凝聚在自己周围，并对它们加以正确的约束、协调、整合和引导，使它们方向一致。对于其他处于从属地位的价值观念而言，核心价值观起着统领作用，为其提供方向和根据，从而维护着价值体系的稳定和统一。

根据前文论述得知，改革开放以来，我国的经济、政治、文化、科技等多方面均受到大量外来价值观念的冲击，多元文化的态势已经十分鲜明且价值冲突不断显现。在此环境下的学校教育也不可能独善其身，其价值观出现了一元与多元相互冲突、相互并存的局面。面对多元价值观的挑战，学校核心价值观不能消极应对，应主动出击，积极分析学校内部所存在的各种价值观，在继承与创新的基础之上树立起核心价值观，如此才有可能统率其他价值观，显现出一定的统领性。

2. 理想性

诗人流沙河曾在其作品《理想》中这样写道："理想是石，敲出星星之火；理想是火，点燃熄灭的灯；理想是灯，照亮夜行的路；理想是路，引你走到黎明……"[①] 对于一所学校而言，其核心价值观就是这所学校的火与灯，照亮其前行的路，它包含着学校的发展理想，具有理想性，是这所学校的"铸魂工程"。学校核心价值观的理想性体现在它不仅是现实的反映，更要超越现实、引领未来。它是引导全体成员进行价值追求和价值实践的价值理想和价值信仰，并能为成员的发展提供理想性的精神支柱和前进的精神动力。理想之所以美好，是因为它蕴含着希望、激励着精神、促使人奋发。学校核心价值观就是学校的理想，描绘学校的发展蓝图、形成学校的价值认同、体现学校成员的共同价值追求，学校成员在努力之后可以实现这种理想。

---

① 流沙河．流沙河诗存［M］．成都：四川人民出版社，2019：84

3. 普遍认同性

学校核心价值观能够立足的首要基础就是必须得到比一般学校价值观更为广泛、更为普遍的认同。所谓认同是指人们在自己的活动中，能够自觉地以某种价值观念作为标准去规范自己的行为。认同代表着思想观念的深刻变化，代表着接纳。学校核心价值观之所以是“核心”价值观，就在于它的普遍认同性。它是学校所有价值观念中最受欢迎的价值观，是学校全体成员所普遍认同的价值理想、价值信念、价值尺度、价值原则的集中反映，并内化为全体成员普遍的价值追求和价值向往，是处于支配地位的价值观。

4. 稳定性

学校核心价值观的稳定性源于价值观的稳定性，作为一定社会的产物和反映，学校核心价值观会随着社会的不断发展变化而有所发展变化，但这种变化中也体现了一定的主观能动性与稳定性。学校核心价值观一旦形成，就会长期占据人们的头脑，成为主体思想体系中一种相对稳定的观念模式，左右着人们的思想与行为。其稳定性体现于三个方面：其一，一种核心价值观被学校成员接受之后，就会入脑入心付诸实践，短时间之内不会被新的核心价值观所取代；其二，学校核心价值观作为一种社会意识反映社会存在，要经历一个复杂的过程，其变化与社会存在的变化不会同步，有滞后性；其三，其他意识形态对学校核心价值观会有影响，它们相互影响、相互渗透，其过程是缓慢而悠长的。

5. 社会依从性

社会存在决定社会意识是马克思主义的基本观点之一。学校核心价值观作为一种社会意识，是在一定社会存在的基础之上产生的，因而其对社会必然具有一定的依从性。无论处于什么样的历史时空中，学校核心价值观都要受社会特定的政治发展水平、经济发展水平、科学文化发展水平等各方面的影响和制约，并且不可避免地打上深深的时代烙印。当社会的政治、经济、文化和军事等环境发生变化时，学校核心价值观也不可避免地会随之发生变化。任何一个阶级社会中，在价值体系中处于支配、主导地位的核心价值观都是统治阶级意志的集中体现。我国是社会主义国家，我们的学校核心价值观，也必然要反映社会主义的价值思想，代表无产阶级的人民利益，体现人民教育为人民的办学宗旨，符合当下社会发展的价值需求。

6. 方向性和驱动性

学校核心价值观一旦确定，就明确回答了学校价值主体实践活动的价值取向，告诉人们什么事情最有意义、什么事情最有价值，什么是值得选择的、什么是需要付出的、什么理念是应该遵循的。它包含着对学校各类事物的确定的评价，为学校价值主体的行动指明了方向。于学校成员而言，选择并接受了学校核心价值观，也就意味着认同和接纳了其价值指向，并为自己之后的思想和行为选择了明确的方向。

此外，学校核心价值观还体现出一定的驱动性。行动源于思想，学校核心价值观为学校主体的一切活动提供了精神支持，是学校全体成员进行社会实践活动的强大推力。它可以凝聚全校成员的感情，激发他们的热情，唤起他们的信念，坚定他们的意志，激励他们的行动，如此，学校核心价值观自然而然就成为学校师生进行教育教学实践活动持久的内在驱动力。

（五）学校核心价值观的功能

1. 导向、激励功能

学校核心价值观在学校的价值观体系中占据着主导地位，它是一所学校中最重要的价值观，反映了这所学校的本质要求，明确告诉人们在学校这个环境中提倡什么、反对什么，从而引导其朝向一定的价值目的、追求一定的价值取向、选择相应的价值行为。而每所学校都有自己独特的历史和发展实践，在此过程中又形成了不同的价值评判标准，表现出各异的价值追求。随着时间的流逝，这些标准与追求会成为学校成员精神系统中的定向和导航因素，不断指引着人们的行为。改革开放的顺利进行与市场经济的不断发展使多元的价值观纷至沓来，对人们传统的价值观造成了很大的冲击，形成了多种价值观之间的矛盾冲突，使整个社会陷入了价值观危机之中。这种变化深深冲击着学校的价值观教育，使之变得“苍白无力”，不再具有说服力与感召力，导致“5 +2 =0”的现象（即 5 天的学校教育加上两天的社会或家庭教育，其效果为零，甚至出现负数）不断显现。在这样一种形势下，学校核心价值观的确立能为人们进行价值选择确立一个统一的价值评价标准，使师生的活动不再无所适从。学校核心价值观的导向性具体体现为学校的育人目的即“为谁培养人、培养什么样的人、如何培养人”等问题。

学校是由多个成员组成的，每个成员都是一个独立的价值主体，他们各自的成长环境不一、人生经历不一、所受教育不一、评价标准不一、生活态度不一、文化背景不一，容易形成分散的价值观，出现仁者见仁、智者见智的现象，对同一事物也可能存在多种价值的评价标准，而且每一种价值标准都可以从各自从属的文化中找出证明其合理的依据。嘈杂的多样价值环境易使人无所适从、左右为难，导致归属感的缺失与价值选择上的迷茫，而学校核心价值观则有助于在学校成员间达成一致的认识和共同的追求，形成巨大的凝聚力和向心力，激励人奋进。学校核心价值观直接体现着学校价值观的发展方向，具有纠正偏差的功能。当学校每个个体的价值观与学校核心价值观、主流价值体系发生冲突的时候，核心价值观就能为众多个体价值选择提供最有力的价值参照系，以此使不符合学校核心价值观要求的价值观得到及时调整，使之与核心价值观相一致，保证学校全体成员都能齐心协力地为着同一个目标而努力。

2. 动力、秩序功能

作为历史唯物主义者，我们认为，生产力是影响社会发展的诸多因素中最根本的动力，其发展程度决定了这个社会中经济基础的构成，进而决定着社会意识形态的形成和变化。社会意识形态的发生发展也在推动着社会的发展与变化，进而影响着生产力的发展变化，它有自己的主观能动性。学校核心价值观是学校的精神意识领袖，它是学校基于现实的发展而制定的，同时是超越现实的对未来的设想，具有一定的理想性，为学校提供了发展目标、确立了发展方向。因此，可以这样认为，核心价值观是学校的精神动力系统，它能调动学校成员的积极性、主动性与创造性，激发其做事创业的热情与激情，使其坚定信心、增强信念、坚守理想、顽强拼搏，推动并激励学校成员向着一定的价值目标前进。

丹尼尔·贝尔曾指出，“归根到底，任何社会都是一种道德秩序，它扎根于一种共同的价值体系”①。由此可知，社会的秩序是建立在共同的价值体系基础之上的。依此类推，学校核心价值观作为一种社会意识形态，它与学校发展的秩序也是紧密相关的。它凝聚着一个学校的价值取向和群体精神，体现着学校的共同追求，并以此团结学校成员，使之组建成为一个极具凝聚力的、有序的团队。在共同目标的感召下，学校的每个成员都能奋发图强，积极提升自我，在各自的岗位上发光发热，为共同打造学校美好的明天不懈努力。针对学校中存在的与其精神相悖的价值观，学校核心价值观通过舆论、宣传、教育、引导等潜移默化的方式，逐渐消除这些不和谐的声音，使全体成员眼朝着核心价值观的方向眺望、劲儿朝着践行核心价值观的方向使，最终使学校呈现出良好的有序状态。

---

① ［美］丹尼尔．资本主义文化矛盾［M］．赵一凡，等，译．北京：三联书店，1989.

3. 教育、评价功能

教育活动是以培养个体良好的德行为终极目的的，而核心价值观本身就是一种“德”，因此它天然具有教育属性。学校核心价值观就是一所学校所追求的最大的“德”，其积淀越深厚、理念越明晰，就越具有教育意义。信息高度发达的当今时代，网络文化对个体的影响如影随形，现在的学生都是在互联网普及背景下成长起来的，从开眼看世界之初就遨游于网络世界，极易受到多元价值观的影响。面对此类情况，正确的、强有力的学校核心价值观就体现出它强大的教育力量，它可以激励学校全体师生积极向上、努力奋斗，也可以陶冶人的情操，激发师生产生自觉的内驱力，主动完善自我，由外向内塑造高尚的品德；它可以通过多种活动满足学生多方面的社会性需求，协调其人际关系，也可以激励学生保持积极健康的心理状态；它可以通过教育帮助学校个体形成科学的价值观，在其价值观的确立过程中加以正确的引导和调控，促使其健康发展。

此外，学校核心价值观不仅是关于学校价值大小的看法和观念，更重要的在于它是学校成员进行价值判断的主要标准和依据，对学校成员的行为具有评价功能，有损学校发展的价值观要批判并舍弃，有利于学校发展的价值观要肯定与发扬。学校核心价值观能够帮助学校成员思考和澄清价值认知，鉴别和否定错误的价值观念，重塑价值体系，助力价值选择。运用理念宣传、舆论引导、政策导向、制度管理等措施，使全校师生们认同核心价值观，抛弃错误的价值观，使全体成员的价值观达到某种一致和统一。

二、学校核心价值观与学校文化之关系

（一）学校文化是学校核心价值观之源头

所谓学校文化，是由全体师生在学校长期的教育实践过程中积淀和创造出来，并为其成员所认同和遵循的价值观、精神、行为准则及其规章制度、行为方式、物质设施等的一种整合和结晶。学校文化的最高价值在于形成育人传统和提升育人效能。学校文化渗透在学校活动的每个环节和全体员工的行为方式中，可以通过学校建筑物、学校传统活动、各种规章制度等方式表现出来。它是一所学校伫立于世的存在方式，是这所学校的特色和特质，是该学校区别于其他同类学校的质的规定性。

学校还是一个特殊的组织机构，这决定了学校文化在某种意义上也是一种组

织文化，是学校中各种组织在一定条件下形成的行为习惯、规章制度、道德准则、群体共同规范等。所以，必须在整合各种学校内部组织文化和全体员工行为规范的基础上，提出学校的基础（基本）价值，即学校活动必须实现和学校发展应当具备的根本的价值追求，引导形成学校的核心价值观，才能使学校核心价值观得以确立。

学校文化凝聚着一个学校的价值取向和群体精神，体现着学校所追求的目标，是学校无形的向导。学校文化的塑造就是为了通过文化精神的引导使全校师生在潜移默化中形成共同的价值观念和行为方式，最终顺利实现学校共同的目标，而核心价值观就是若干价值取向中最重要的一个。

学校文化是学校在其自身发展过程中形成的，它是学校全体成员或大部分成员认可的价值观念和行为方式，是学校全体成员共同构建的、具有高度价值认同的文化。学校文化通过共同的价值和共同目标的整合把个体团结在一起，这是其凝聚功能的最突出体现。个体对学校文化价值的认同度越高，文化的凝聚力就越强，核心价值观的作用也就越明显。

如上所述，学校文化代表着一所学校长期以来教育实践活动的文化特征和学校的精神沉淀，是每个学校成员都可以理解和分享的价值观念。每一所学校都很注重形成自己特有的学校文化，会根据学校的实际需要以及对理想学校的追求，塑造各自独特的学校文化景观。而学校的核心价值观往往是在学校文化建设的过程中，通过对学校文化内涵的提炼，形成的学校全体员工能共享的、共同的价值观。因此，学校文化与学校核心价值观密不可分，它是学校核心价值观的源头，是其确立的基本依据。

（二）学校核心价值观是学校文化的核心

众所周知，学校文化的内核是学校精神文化，而精神文化的核心是价值观，因此，学校核心价值观的形成对于学校文化而言举足轻重。一所学校如果没有其核心的价值观，达不成共识，那么这所学校就有可能成为一盘散沙，也就不可能形成整体合力。而一所学校一旦形成适合自身的核心价值观，就会对其他的教育观念有直接或间接的影响作用，与其他的教育观念一起规范着、指导着或调节着人们的教育行为，进而对整所学校文化的建设产生重要的推动作用。拥有核心价值观的学校，其全校成员就会在思想上达成共识、在行动上形成合力，充分发挥主人翁精神，积极、主动、创造性地为学校的发展贡献自己的力量。因此，我们可以毫不夸张地说，学校核心价值观是学校文化的“核心之核心”，是其建设的重要精神动力。

在学校文化发展的过程中，核心价值观起着重要的作用，主要表现在三个方面：其一，学校核心价值观指引着学校文化的发展方向。它好比一面旗帜，在确立的时候就规定了学校的发展路径，指引着学校的前行方向。学校文化建设只有在学校核心价值观的指引下，才能保证方向的正确性，才能变得有灵魂，才能充分发挥学校文化的育人功能。其二，学校核心价值观为学校文化发展提供了精神动力。精神的力量从来都是磅礴而持久的，学校核心价值观一旦确立，就会成为全体师生的集体“信念”，进而产生巨大的精神推动力，激励和鼓舞大家为实现学校的既定目标而奋勇前进，进而推动和完善学校的文化建设。其三，学校核心价值观保证着学校文化的凝聚力。学校核心价值观是一种无形的力量，它反映和代表着学校师生共同的价值追求和发展目标，故而看似无形却无处不在。因此，会成为学校文化发展过程中的“黏合剂”，促使身处其中的人们保留争议、精诚合作，在做事创业的过程中真正做到求同存异、共谋发展。

由此可见，学校的核心价值观与学校文化二者密不可分、辩证统一、互相依存、互为保证。学校之间的竞争，拼到最后一定拼的是文化，而文化的力量归根到底来自于凝结其中的核心价值观的影响力和感召力；文化软实力的竞争，本质上是不同文化所代表的核心价值观的竞争。[①] 一所学校的核心价值观的形成和确立，必须考虑到这所学校的历史传统、现实问题和未来发展方向，立足于本校文化实际，合理澄清价值观念，才能做出正确的价值选择。而学校的核心价值观一旦形成，就会成为学校文化建设的价值遵循，成为其团结和谐的最大公约数，成为其发展的中坚力量和精神支撑，保证其前行的正确方向。因此，学校在发展的过程中，必须把二者内在有机地统一起来，如此才能发挥出最好的功效。

第二节　核心价值观融入高职德育的理论阐述

一、高职院校需要确立自己的核心价值观

马克思主义哲学认为，错误的意识将使人误入歧途。高职学生的思想政治素质如何直接关系其能否成为社会发展的栋梁之材。他们只有拥有了正确的世界观、人生观和价值观，才能科学看待成长中遇到的问题，才会正确认识自我、认识社会、认识人生，也才可能更好地思考和规划自己的人生之路，进而充分利用

① 本书编写组．思想道德修养与法律基础［M］．北京：高等教育出版社，2018：77.

所掌握的本领更好地为社会服务。近些年来，震惊全国的大学生犯罪案件频繁出现，均说明了一个深刻的道理：越是才华横溢、才智超群的人，越需要高尚的道德品质和正确的三观与之相匹配，否则其本领越大，对社会的危害就越大。正所谓青年兴则国家兴，青年强则国家强。青年一代有理想、有本领、有担当，国家就有前途，民族就有希望。高职学生是十分宝贵的人才资源，是民族的希望，是祖国的未来，他们的综合素质（包括思想道德素质、科学文化素质和健康素质等）如何，直接关系着国家的现代化建设进程，关系着我们民族伟大复兴的历史伟业。高职三年是高职学生人生发展的重要时期，是其世界观、人生观、价值观形成的关键时期，加强和改进高职学生价值观教育，事关其健康成长，事关国家和民族的前途与命运。所以，高职院校在培养技术性、职业性人才的同时，应该把学生的价值观教育贯穿于教育教学的全过程。

前文已经论述过，当前的多元文化态势发展已经深深地影响了高职教育发展的外部环境。它在丰富发展着高职德育内容的同时，也深深影响着学生价值体系的形成，同时为高职的价值观教育带来诸多挑战。而历史和现实一再表明，只有建立共同的价值目标，一个国家和民族才会有赖以维系的精神纽带，才会有统一的意志和行动，才会有强大的凝聚力、向心力。① 习近平总书记也曾在北京大学师生座谈会上强调，核心价值观，其实就是一种德，既是个人的德，也是一种大德，就是国家的德、社会的德。国无德不兴，人无德不立。这告诉我们，核心价值观承载的是一种积极进取的追求，它能保证一个国家、社会和民族行有依归、共同前进。同理，高职院校也需要确立自己的共同价值目标，确立学校发展之“德”，如此才会有全院师生赖以维系的精神纽带。因此，有必要在贯彻社会主义核心价值观的基础上，审视多元文化背景下的高职生在价值观方面存在的问题，进而重新认识、思考高职教育的价值意义，经过价值思辨、价值澄清与价值选择，最终确立适合高职院校的核心价值观，从而避免其行无依归、莫衷一是。

（一）多元文化背景下高职生价值观存在的问题

1. 多元文化易导致学生的价值观混乱乃至信仰缺乏

在我国，伴随着社会转型过程中传统与现代、本土与外来、正统与非正统等观念的交融碰撞，多元文化已经成为学校道德教育的重要文化生态环境。② 多元

---

① 本书编写组．思想道德修养与法律基础［M］．北京：高等教育出版社，2018：77.

② 刘艳萍．文化自觉视域下学校道德教育的价值维度［J］．内蒙古师范大学学报（教育科学版），2014（12）：28.

文化给学校教育环境赋予了鲜明的时代色彩，对于文化本身的繁荣昌盛和个体的自身思想解放都具有积极的意义。但正如我们在享受夏季温和舒适的凉风时，空气中同时存在着让人不愉快的蚊子和苍蝇一样，多元文化带来清新空气的同时也送来了对学生影响很大但并不完全积极的网络文化、嘻哈文化、消费文化、流行文化、殖民文化等与传统教育的期待有着诸多不同的文化形态，它们对学生的心理发展、价值追求等的影响都与我们的教育目标相去甚远，致使高职学生出现价值选择困难现象，失去对生活的期待和追求，造成诸多的教育困惑。

高职学生从生理上来讲大部分已经成年或者即将成年，但是从心理上来讲尚处于成长期，其思想意志尚未定性，世界观、人生观、价值观还未完全确定，尚不成熟，对很多社会问题的看法表现出的感性思考多、理性思考少。而且现在的高职学生以“00”后为主，他们伴随着新时代信息化的迅速发展而成长，视野开阔、思想活跃、个性鲜明、自主意识强，但叛逆心和依赖性较强、心理素质脆弱、辨别能力有限。在多元文化的冲击之下，会出现形形色色的价值规范、思想观念和行为方式，这使得高职学生的选择范围大大扩展，使得他们可以更加活跃、主动、富有创造力地选择属于自己的价值观。多元化交融杂糅的状态，带给他们的不仅是单纯的更多选择，还有一些诱惑和不确定，结果就是他们失去了价值选择的方向，丧失了正确的价值评判标准。如果得不到正确的引导，他们很容易陷入价值混乱，严重的甚至导致信仰缺乏，以致产生一些极端行为。而没有信仰或者信仰缺乏就会直接影响个体价值体系的建立，因为信仰是价值体系的核心。信仰缺乏的大学生在面临价值困惑、冲突之时，往往容易由于处理不当而行为失范，校园恶性事件屡见不鲜就是此类现象的反映。

2. 多元文化易导致学生功利主义思想较为严重

在当前我国的高等教育体系中，高职教育处于弱势地位，其生源本身就是在目前的教育评价中处于弱势的学生，整体人文素质要偏低一些，再加上就业导向的职业教育模式影响，学生的技能培养被无限放大，其心灵的成长与精神的完满则受到忽视。人文素养缺失的高职学生在面临复杂的外部世界时，其中的不良价值导向很容易得到他们的认同，容易导致价值危机。

当前，我国处于社会转型时期，各种新生事物让人目不暇接、难以应对，新技术、新思想、新观念层出不穷。市场经济的浪潮在改变人们经济行为方式的同时，也给传统的价值体系带来了巨大的影响。现代传媒业尤其是网络的发达与普及，使得大众交往方式发生了根本的改变，学生沉溺网络的时间越来越长，手机网民数量与日俱增，网络成为学生群体交往的主要方式之一。实用主义、金钱至上、利益至上等思想在高职学生群体中有着很大的市场，主要表现在“学习”“赚钱”与“交往”方面。

第一，受实用主义思想的影响，很多学生的“学”蒙上了厚厚的功利主义面纱，用什么就学什么，有没有“用”成为其学习内容选择的主要标准。由此带来的后果就是学生的价值评判标准功利化、价值选择简单化。每年新生入学时，笔者都会做相关调查，发现学生群体中专业与兴趣不符的情况大量存在，学生对其专业的选择仅仅是因为其“有用”，更直白一些是为了将来好就业。学生群体中大量出现的专业与兴趣不符导致挂科逃课等现象、心理承受力弱不能适应新环境而出现各种状况的事件屡有发生，就是此种选择的反映。此外，在校期间，学生会花费大量时间与精力去报一些所谓的“培训班”，想要速成一门技术，对自己本专业的学习则敷衍应付，本末倒置现象屡见不鲜。

第二，受金钱至上、利益至上等思想的影响，高职学生通过网络赚钱已经成为家常便饭。他们想通过自己的努力获得一些报酬改善自己的经济状况，其出发点是好的，无可厚非。但由于分辨能力不足、社会经验有限、侥幸心理作祟等，出现了各种各样的不良后果，陷入“校园贷”无法脱身、网络赌博逃逸、网络诈骗被捕、网络直播影响学业等现象层出不穷，给自己和家人带来了极大的烦恼和负担。在本该好好学习的年纪去专心赚钱，赚钱的本领又不够而误入歧途，这种现象的大量出现又何尝不是功利主义盛行带来的恶果呢?

第三，功利主义思想的泛滥影响着正常的同学交往。本来纯洁美好的同窗情谊也因金钱掺杂其中成为利益交换的砝码，给不少高职学生的人际交往造成很大困扰，严重的甚至触犯法律。笔者曾经接触过这样一个案例：有在校学生涉及网络诈骗，因业务扩大发展其宿舍同学为业务员，导致其违法犯罪进而一起接受法律制裁，正在进行的学业也被迫中断。面对此种状况，学生正确世界观、人生观、价值观的树立就变得任重而道远。

3. 多元的网络交往易导致学生的心理问题凸显

智能手机的普及与移动网络的便捷，迅速而深刻地改变了现代人的生活方式，高职学生对手机的依赖与日俱增，生活、学习、交往等活动均需要通过手机来实现与完成。可以毫不夸张地说，手机已成为其生命的一部分，而且是很重要的那一部分。部分学生对网络的依赖已经到了非常夸张的地步，成为同学眼中的“中国连通”（因其连续通宵而来）。层出不穷的网络游戏、社区、交往工具、小视频 App 等，使其沉溺于虚拟世界而不能自拔，从而逃避现实的交往，割裂了与实际生活的联系，错过了与同学交往的诸多机会，进而成为现实生活中的不合群者。一些同学出现社交障碍，有的甚至患上抑郁症而不得不中断学业，严重影响其成长。

网络是一把双刃剑，工具的滥用使之成为一种异己的力量危害着人的发展，[①] 它在给人们的交往带来便捷的同时，也带来了大量良莠不齐的信息。信息传递的极快速度会造成大量无用信息的堆砌，而网络的虚拟特性又会使信息的真实性受到质疑，其中的很多事情和事实本身相差千里，道听途说在信息世界中成为主宰，这些事实本身会对价值体系尚未定型的高职学生带来不小的冲击，分辨能力较差的学生很难抵挡一些不良价值观的影响。而单纯从网络上学到的知识不足以解决现实中遇到的问题，许多在虚拟世界中游刃有余的学生可能在现实生活中处处碰壁。这种来自两个世界的心理落差也会影响学生的健康成长，导致其出现人格障碍，许多心理问题也随之出现。

4. 多元文化会给高职德育环境带来冲击

多元文化时代对教育的最大影响，就是它带来了价值的多重选择，颠覆和挑战了我国传统社会的一元文化和一元价值观，导致价值多元化。此外，随着世界各国文化交流与传播的日益增多，西方的新媒体文学、影视、游戏等作品在我国文化市场上大行其道，致使其价值观念在我国意识形态领域的渗透日益加剧，与我们的本土文化相互碰撞，形成了多元的价值环境。高职学生逐渐被多元的价值环境所包围，追求知识、崇尚科学的氛围不再成为校园的价值主导，功利主义、利益至上、重个性而轻集体等不良思想甚嚣尘上。不良的价值环境会影响学生对民族文化与社会制度的认同，导致其文化价值观摇摆不定，进而影响其民族观与国家观。

当前，我国社会正处于改革发展的深水区，许多社会矛盾开始凸显。高职学生虽然身处校园，但是已经开始关注社会，对社会的热点问题保持着高度的敏感。但由于其自身思想观念的不成熟，对现实问题的理解容易偏激，难以做到客观公允的评价，容易受到不利于社会稳定的言论的蛊惑，易导致其价值选择与主流价值观的要求相去甚远，这都是高职价值观教育需要面对的新问题。多元的价值环境为高职生的价值观教育带来了新的挑战，提出了新的要求。

---

① 徐稳，杨素群．论新媒体视域下的大学校园文化建设［J］．学校党建与思想教育，2016（1）：86.

（二）高职院校确立核心价值观的必要性

1. 高职教育的特殊性决定了高职确立核心价值观的必要性

高职教育是高等教育的一种类型，但高职教育不等同于普通高等教育，它从一开始就是一种“大众教育”，是社会经济发展的产物，其功能取向是非常明晰的——培养特定领域的人才。为此表现出不同于普通高等教育的特征：其一，高等职业教育应以服务为宗旨，以就业为导向，走产学结合的发展道路；其二，高等职业教育肩负着培养面向生产、建设、服务和管理第一线需要的高技能人才的使命。为此，高职院校的教育目的、教育内容、教育方式必然要围绕这一功能取向展开。

首先，高职教育类型的特殊性决定了其价值观教育的职业性。从教育类型上看，普通高等教育是学科教育，培养的学生具有系统、扎实的理论知识，在就业方面具有普适性。而高职教育是职业岗位教育，一般是按社会的职业岗位设置专业，通过对该职业岗位的分析，确定岗位工作人员需要具备的知识和能力，从而以此为依据来设置课程，理论知识以“必需、够用”为原则进行，强调教学和实际训练并重，培养的是应用型技能型人才。虽然每一个职业岗位往往涉及多个学科的理论知识，但在实际教学中只围绕培养岗位目标能力来进行取舍，强调所学知识的针对性和实用性，是动态的课程结构。学生毕业后就具有了某一岗位的工作能力，可直接上岗。由此，在其价值观教育过程中也必然体现一定的职业性。

其次，高职教育目标的特殊性决定了其价值观教育的方向性。从教育目标上看，与普通高等教育培养研究型、探索型、设计型人才不同，高等职业教育需要以适应社会和经济发展的需求为出发点和落脚点，培养的是技术性、操作性人才，针对本地区经济发展情况，以服务社会为最终目标。因此，其价值观教育应体现一定的方向性。

最后，高职教育对象的特殊性决定了其价值观教育的复杂性。高职院校的生源比较复杂，决定了其价值观教育的复杂性，需要考虑基础不尽相同的学生，有的放矢，有针对性地选择价值内容，分阶段、分层次开展价值教育活动，使其容易接受。

2. 高职学生的特殊性决定了高职确立核心价值观的必要性

首先，确立核心价值观是帮助高职学生认识自我的需要。古希腊人认为，只有认识自己，才能富于智慧，得福免祸。中国古代也有智者指出“知人者智、自知者明”。处于不同文化背景的人会有如此相近的观点，这本身就说明一个真理：认识自我非常重要。我们每个人都需要在社会化过程中完成对自我要求与社会期望的整合，即形成自我价值观。但一个明显的事实是，高职学生由于学习成长经历的特殊性，自我价值认同感往往比较低。因此，需要通过核心价值观的教育引导，帮助其认知自我、悦纳自我，从而确定自己的奋斗目标，掌握未来前进的方向，进而在社会上占有一席之地，找到适合自己的社会角色定位，实现其全面发展。

其次，确立核心价值观是高职学生成长为现代公民的需要。高职学生作为大学生群体的一个重要组成部分，也是未来社会的中坚力量，需要正确处理好理想与现实、个人与集体、竞争与合作、权利与义务、自由与纪律等方面的关系。他们需要思考和回答一系列问题，比如做什么样的人、怎样做人，怎样的生活才有意义，怎样的人生追求才有价值，个人价值与社会价值如何统一、实现等。这些问题也是未来社会的合格公民必然面对和必须回答的。因此，有必要通过核心价值观的确立与教育，帮助高职学生思考、辨析上述问题，树立科学的人生观，找到真正的人生意义。

最后，确立核心价值观是高职学生树立正确的人生信仰的保障。由于网络媒体的迅速传播，各种思想很快在高职校园中传播开来，令人眼花缭乱、目不暇接、难以取舍。另外，高职学生年纪尚幼、经历简单、人格尚未完善，对问题缺乏判断和分析，易受环境的影响，再加上面临严峻的就业压力与生存竞争，理想与现实形成巨大的反差，使得部分高职学生出现了信仰危机。因此，有必要通过核心价值观的澄清与潜移默化，帮助高职学生明是非、清方向、正路子，端正人生态度，辩证对待人生中的矛盾，树立正确的幸福观、荣辱观、生死观、得失观、苦乐观和顺逆观，开启人生的新篇章。

（三）高职院校确立核心价值观的重要作用

1. 高职核心价值观是高职院校办学追求的体现

众所周知，“立德树人”是教育活动的初心和使命，也是高职教育的初心和使命。而“德”如何“立”、“人”如何“树”即“培养什么样的人、为谁培养人”，这是高职院校办学者首先需要思考和回答的问题，对这个问题的不同回答则体现了不同学院的办学追求。而回答上述问题，需要一个载体，一个能够集中体现高职院校办学理念与追求的载体，核心价值观正是这样的一个载体。

2. 高职核心价值观是高职院校育人思想的集中体现

厘清了办学追求，“怎样培养人”就成了高职院校需要解决的问题，这直接决定着该院校的育人思路。正如习近平总书记所说：树立正确的世界观、人生观、价值观，掌握了这把总钥匙，再来看看社会万象、人生历程，一切是非、正误、主次，一切真假、善恶、美丑，自然就洞若观火、清澈明了，自然就能做出正确判断、做出正确选择。[①] 核心价值观的确立就是这把总钥匙，它能帮助高职院校确立育人思路、实施育人方案、开展育人实践，是高职院校育人思想的集中体现。

3. 高职核心价值观是高职院校区别于其他院校的根本所在

习近平总书记指出：“核心价值观是文化软实力的灵魂、文化软实力的重点。这是决定文化性质和方向的最深层次要素。”[②] 文化的力量能发挥多少，文化软实力的竞争力有多大，根本在于凝结其中的核心价值观的影响力、感召力和竞争力有多大。这个观点同样适用于学校。对于一所高职院校而言，如何在众多的同类院校中脱颖而出，让人印象深刻？靠专业、靠人数、靠实训基地、靠校园建设、靠教师成长……如果一定要选择一项，笔者认为一定是以核心价值观为核心的文化，基于独特核心价值观而形成的独特文化魅力。这种魅力会体现于学院的物质建设与专业建设中，体现于学院的教师风貌中，体现于学生的综合素养中，体现于学院的整体社会印象中。有了自己独一无二的核心价值观，一所学校才能和其他的高职院校有所不同，才能真正成为它自己。

既然高职核心价值观对高职院校如此重要，那么接下来，笔者就尝试对高职核心价值观进行理论构建，以期为高职价值观教育探索尽一些绵薄之力。

二、高职院校核心价值观的理论构建

（一）高职院校核心价值观确立的内涵

德国著名哲学家、教育家雅斯贝尔斯曾说：教育，不能没有虔敬之心，否则最多只是一种劝学的态度，对终极价值和绝对真理的虔敬是一切教育的本质。他还指出，缺少对“绝对”的热情，人就不能生存，或者人就活得不像人，一切

① 习近平．习近平谈治国理政（第一卷）［M］．北京：外文出版社，2018：173.

② 习近平．习近平谈治国理政（第一卷）［M］．北京：外文出版社，2018：163.

就变得没有意义。此处我们探讨的高职院校核心价值观，正是前文说的“绝对”的一种，培育和践行高职院校核心价值观，能够使高职院校内部最广泛地形成价值共识，有效引领整合存在差异的各种社会思想意识，有效避免可能带来的思想对立和混乱，形成团结奋斗的强大力量。它的存在直接关系着高职德育价值目标能否顺利实现。

高职院校核心价值观作为高职校园文化的灵魂，是面向高职院校整体发展的价值追求，它直接面对的问题是我们需要何种价值的高职教育？我们需要高职教育向何处发展？高职教育应该实现何种价值？同时，高职核心价值观也体现了高职院校全体成员的教育追求和教育信仰，它是关于“教育是什么？教育应该怎么做?”等基本问题在高职院校教育价值取向中的显现。

高职院校核心价值观的确立过程是高职院校对自身价值大小、价值何在等关于发展方面问题的研究，是自己对自己的研究，是一种“自我”研究。需要高职院校在对国家教育政策及方针和教育改革的取向与要求的把握基础之上，以自身的“特殊性”研究为基点，具体展开适合自身发展的学校行为，摆脱盲从状态，在历史与未来、可能与现实之间做出合理而自觉的选择，形成自己内在的价值体系与个性化的教育理念，既有理想层次的追求又有现实方面的考量，既关注于高职整体发展，又关注于学校成员的群体向往，体现教育的人文情怀，从而凸显高职教育的独特价值。

（二）高职院校核心价值观的目标

一般来讲，核心价值观包含四个方面的内容：①它是判断善恶、是非的标准；②它是一个群体对事业和目标的认同、对未来的追求和愿景；③在这种认同的基础上形成对目标的追求；④形成一种共同的境界。作为一所高职院校，教育性是其本质属性。因此，在确立其核心价值观目标的时候，首先考虑的还是教育的本质，即“培养人的活动”。

如此，高职院校在构建其核心价值观的目标之时，需要从生命关怀的角度出发思考高职教育，从教育的本质着眼来设定目标。切切实实立足学校发展的现状，从学校历史入手，着眼学校现实，预设学校未来，进行以高职院校自身为基点的自我价值取向的辨析与选择，进而找到学校的存在方式，如此形成的高职院校核心价值观才是真实的、接地气的、经得起现实考验的，才能获得最广泛的认同与支持，才会对学校的发展真正起到精神引领的作用。

（三）高职院校核心价值观确立的原则

1. 共性与个性相统一原则

高职院校是社会组织的一部分，其存在是为了服务社会的发展，那么社会对未来的职业人的需求就会投射到高职教育中。因此，高职院校在确立其核心价值观时一定要充分考虑社会的需要和要求，也就是要找准自己的定位。高职院校核心价值观的确立既要体现国家、社会对于高职教育的特定要求，也要彰显当代高职院校独特的价值追求，是社会性与群体性的统一。

高职院校在明确社会要求的同时，也要兼顾自己的发展特色。因为社会要求对于高职院校来说是共性要求，而学校特色才是其生存发展的制胜法宝，是本校实际的真实体现。每所高职院校都会在其发展过程中，经过时间的积累，逐渐形成自己的办学特色和个性特征，它是高职教育个性的体现，也是高职院校核心价值观得以生存的土壤。因此，在高职院校核心价值观的确立过程中，必须做到兼顾社会要求与发展个性特征、坚持共性与个性相统一的原则。

2. 一元主导、多元并存的原则

在多元文化背景下，高职学生的价值观教育环境可以是多元的、多样的，正所谓“一枝独秀不是春，百花齐放春满园”。但是无论怎么“多元”，其核心价值观是一定的，即“多元”需以“一元”作为主导。高职核心价值观是一所高职院校占主导地位的价值理念，决定着该院校主体价值体系的总方向，统率并约束其他处于非核心地位的价值观的存在和发展，是高职院校用以判断其自身发展和运行当中大是大非的根本原则，是该院校提倡什么、反对什么、赞赏什么、批判什么的真实写照，具有统摄作用。

但多元的文化环境必然生成多元的价值观，这些价值观在一定程度上影响着高职院校核心价值观的发展，当其与核心价值观出现不一致时，就会影响甚至阻碍高职院校的发展。此时，需要对其他价值观抱有“和而不同”的态度。“和”即相互尊重、相互补充、同时并存，达到总体和谐；“不同”即允许差异存在，但不随便附和；“和而不同”就是在承认并尊重差异的基础上最终达成和谐共存。

3. 传承与创新有机结合原则

在确立高职核心价值观的过程中，既要注重对高职院校历史发展的研究，继承已有的优良传统，又要注重对学校当下的研究，还要兼顾学校未来的发展问题，做到传承与创新的有机结合。历史传统是一所学校发展的根，是学校发展的本源，它产生于过去、传承到现在、影响着未来，有着深厚的育人价值。研究高职院校的历史传统，就回答了“我是谁”的问题，进而才能弄清、弄懂“我从哪里来”，才能最终明了“我要到哪里去”。从这个意义上说，学校的文化历史是确立高职核心价值观的基点，高职核心价值观是对学校发展的文化传承。

当然，传承的同时不能忘记创新，传承是为了创新，而创新必须建立在对时代问题研究的基础之上，即对当下的学校所处的时代的特点进行研究，这是现状分析的必要性使然。高职院校核心价值观的确立既要继承学校自形成以来前后相继、一脉相承的历史传统，也要融入当今社会学校发展的主题和元素，完成历史性与时代性的统一。只有立足当下、放眼未来的高职教育，才能真正完成其教育使命，而高职院校核心价值观的确立正是这种引领作用的集中体现。

4. 理论与实践相结合原则

高职院校在确立自己的核心价值观时，还要注重理论研究与实践推进相结合，切不可理论上一套，到实际教学中又是一套，做口头上的巨人、行动上的矮子。实践是理论产生的巨大源泉，也是检验理论正确与否的唯一标准，而理论又是实践保持生命力的重要推动力。高职院校在其核心价值观确立的过程中，要想做到理论研修与实践推进有机结合，一方面要重视理论研究，对此，学校可以群策群力，聘请教育专家参与到高职核心价值观的论证之中，也可以以课题申请为载体来深入理论研究；另一方面要重视实践推进，重视理论与实际工作的衔接。“闭门造车”环境下诞生的理论是没有生存土壤的，因为它无法指导实践。只有源于实践，“从实践中来，再到实践中去”，不断反复形成的理论才能指导实践。正所谓“问渠那得清如许，为有源头活水来”，实践就是理论的“源头活水”。因此，高职院校核心价值观的确立要立足实践，把理论与实践有机结合，如此才能使理念内化与行为外化相互促进，真正体现其对学校发展的价值引领作用。

（四）高职院校核心价值观的内容

高职院校核心价值观属于高职学院发展的顶层设计，它包括理念层面的人才培养目标、办学追求和学院发展规划等内容和实践层面的校风、校训等内容。它体现于学校人才培养目标、学校发展目标和学校运行方式的价值定位上，也体现于学校管理群体、教师群体和学生群体的价值取向中。

高职院校核心价值观内容，应以社会主义核心价值观教育为根本，如此才能保证高职院校形成正确的价值观念和道德准则，保证高等职业教育发展和人才培养目标的社会主义方向；以道德价值观教育为基础，如此才能保证高职院校的价值主体保持正确的价值尺度，对各种社会现象做出正确的道德价值判断；以职业价值观教育为抓手，使学生树立正确的职业理想、形成坚定的职业信念、养成良好的职业精神、产生优秀的职业行为、做出正确的职业选择等；以人生价值观教育为目的，引导学生确立正确的人生目的、形成正确的人生态度、做出正确的人生抉择。高职院校核心价值观的确立，最终要指向学生的生命质量，使其心中有信仰、眼中有希望、脚下有方向、人生有力量。

第三节　核心价值观融入高职德育的实践策略

一、发挥核心价值观的引领作用

（一）保证高职德育的正确发展方向

在任何一个社会的发展中，核心价值观都是这个社会形态性质的集中体现，在其思想观念体系中处于主导地位，体现着社会制度、社会运行的基本原则和社会发展的基本方向。同理，核心价值观也是一所高职院校的核心价值理念，它不仅体现着该院校的历史文化，也揭示着该院校要解决的时代问题，同该院校正在进行着的奋斗相契合。高职核心价值观体现着这所高职院校的价值自信与价值自觉，既是对高职院校要建设成什么样、培养什么样的学生、怎么样培养学生等一系列问题的深刻解答，也是提高高职院校教育质量的价值遵循。

高职院校核心价值观对高职院校的发展进步起着精神指引的作用，澄清着高职院校到底追求什么、反对什么、要朝着什么方向走、不能朝什么方向走，促使高职院校坚守自己的价值立场、坚定自己的发展道路，为高职院校的有序运行、良性发展提供明确的价值准则，是高职德育这艘大船在高职教育这片大海中航行的“指南针”，是其前行的灯塔，它保证着高职院校始终沿着既定的道路发展，也保证着高职德育的正确发展方向。

（二）满足高职德育的目标需要

高职院校在确立自己的德育目标之时，要依据以下两方面内容，即国家、社会的实际情况和培养对象品德形成与发展的规律。德育目标过高，不遵循培养对象品德形成与发展的规律，最终会使德育目标流于形式进而无法实现；德育目标过低，则不能满足国家与社会的既定需求，造成教育资源的浪费。德育目标缺乏层次性和针对性，则易导致受教育者道德成长过程不完整，最终影响其道德品质的形成。

不同于普通高等教育主要培养研究型、探索型、设计型人才的教育目标，高等职业教育将培养目标转向能将工程图纸转化为实物、在生产第一线解决实际技术问题的高级技术员类人才。这类人才既具有专业知识，又具有高级技艺。高职教育以适应社会和经济发展的需求为出发点和落脚点，培养的是技术性、操作性人才，针对本地区经济发展情况，以服务于社会为最终目标。① 高职德育的作用发挥，正是为高职教育目标的实现保驾护航。将高职核心价值观融入高职德育，正是为了实现高职教育目标，使高职核心价值观成为增进师生凝聚力、向心力的重大精神力量，成为其内部赖以维系的精神纽带，从而保障高职德育目标的顺利实现。

二、创新价值观教育模式

（一）创设价值观教育情境，促进理论与实践相结合

目前，高职院校的价值观教育主要还是延续传统的教育教学方式，以思想政治理论课程的教学为主阵地。价值观教育也停留在被动的、灌输式说教的层面上，脱离生活和现实，学生不感兴趣，教学效果也不尽如人意。而事实上价值观教育的形式也是可以形式多样、丰富多彩的，因此，应努力改变以教师讲解为主的教学模式，从现实生活中汲取营养，寓教于乐，充实教学内容，改变教学方法，不断进行改革和创新。

理论知识如果不回到实践中去指导实践，它就不会有持久的生命力，正所谓德不能空谈，道不可坐论。书本上的知识如果不与个体实践相结合，也难以内化为学生的自觉行为。因此，核心价值观融入高职院校德育过程，还需要通过不断创设价值观教育情境，使学生有机会在实践中检验和运用所学的理论知识，用理论来指导实践，从而真正完成从理论到实践的转化，并在实践中提升自己的理论水平。

创设价值观教育情境，通过重现现实生活中的价值冲突，可以让学生更好地把理论化的价值观知识与现实生活一一对应，找到其存在的依据，而解决冲突、化解矛盾的过程也会就此成为学生学习、反思、对话、体悟的过程。相信经过类

---

① 王红艳．高职院校价值观教育研究［D］．石家庄：河北师范大学，2008：9.

似的洗礼之后，学生必然会把外在的价值观知识内化为自己的行为准则从而形成其为人处世的原则。在此过程中，社会生活中所涉及的各类庞杂问题都有可能在课堂上得到关注和呈现，学生也会在矛盾的冲突和对立中寻找到积极的处理方法，而这个寻找的过程本身就是成长的过程、学习的过程、体验的过程，也是价值选择的过程，是促进理论与实践相结合的过程。

（二）注重环境育人，影响价值形成

《荀子·劝学篇》中有句名言："蓬生麻中，不扶而直；白沙在涅，与之俱黑。"这告诉我们环境对个体的影响是不经意且作用巨大的，它是重要的教育场所，这也是"孟母三迁"的古老故事能够成为千古美谈的根本原因，现实生活中类似的案例比比皆是。环境的力量是巨大而且持久的，它通过细微的、不动声色的一日日浸润，让身处其中的人不自觉地受其影响，悄然地发生改变。这些变化会体现于个体的言谈中、行动中、气质中，也会存在于他们的价值选择中，是一种看似无形却行之有效的外在力量。因此，需要注重环境育人，通过其来影响、改变学生，进而完成对其价值观的引导与教育。

注重环境育人，首先得加强高职院校的校园文化建设，通过营造良好的校风、教风和学风来对学生进行潜移默化的影响。校园文化是无形的"塑形剂"，它看不见也摸不着，却能深刻而久远地影响着学校成员的思想、习惯、行为与心灵。在耳濡目染的文化氛围中深刻影响着其中成员的价值选择，塑造着他们的价值行为。优良的校风既能督促学生自觉规范自己的行为，体现学生的主体地位，从而提高学习的积极主动性和创造性，又能培养学生的公共道德、思想修养、合作能力、创新思维能力，进一步增强学生的集体荣誉感。① 良好的教风、学风是全校师生共同的理想目标、治学精神、精神风貌、求学意识等多方面的反映，是校园文化的本质，是一种隐形的强大力量。正如同"随风潜入夜，润物细无声"的春雨一般，能对人发生深刻影响的不一定是能够触摸到的实物，通过环境的熏陶形成的价值观反而是最为持久有效的。

（三）加强网络教育，增强价值观引导

现代网络以及媒体的发达，使得高职学生的交往空间得以无限扩大，通过网络，他们能够更加有效和广泛地获取信息、学习知识、扩大交往、交流情感和了

① 王红艳．高职院校价值观教育研究［D］．石家庄：河北师范大学，2008：31.

解社会。但是由于网络信息本身就良莠不齐、鱼龙混杂，既有主旋律，也有杂音噪声，而高职学生的社会经验少、分辨能力差、定力不够，容易轻信和盲从，因此出现了各种各样的失范行为，有的表现为厌学，有的表现为社交障碍，有的表现为抑郁，有的沉溺于网络游戏而不能自拔……各种心理问题层出不穷，最终不得不休学乃至退学。笔者身边就有大量的案例：有的学生陷入网络诈骗而锒铛入狱，有的学生在网上欠下巨额贷款而欺骗同学钱财用来还债，有的学生用网络赌博导致违法犯罪，有的学生参与网络恶意刷单而被立案侦查……类似案例不胜枚举。我们知道，一个人的时间和精力都是有限的，在网上消耗的时间过长，在其他方面投入的时间就会严重不足，而网络上铺天盖地的信息轰炸对于尚未完全成年的高职生来讲并不是一件幸事，因为接收的信息越多越容易干扰自己的思维和判断，反而容易造成价值混乱。

由此可知，网络空间天朗气清、生态良好，符合人民利益；网络空间乌烟瘴气、生态恶化，不符合人民利益。① 因此，重视网络教育平台，宣传主流价值观，直面网络杂音噪声的干扰，主动回应学生的问题和困惑，增强对学生的价值观引导已经刻不容缓。为此，高职院校可以考虑从以下几方面入手：其一，坚持发挥正面教育的作用。学校可以考虑开设价值观教育的相关专栏，要坚持问题导向，深入研究解答，将问题掰开了、揉碎了，把事实和道理讲清讲透。通过传播时代正能量，对社会上、校园里涉及价值判断与选择的典型案例组织开展讨论，进行价值澄清，从而为学生树立正确的价值取向营造良性的网络氛围。其二，注重反面事件的教育意义。无数教育事实告诉我们，同辈群体的教育意义、教育潜力是巨大的，尤其是在校学生，更容易受到同辈群体的价值影响。很多时候，学校、老师和家长苦口婆心的劝导，远不如身边一个失败的案例对学生的警醒作用大，看到朝夕相处的同学因为一时之失、一念之差、一步踏错而人生陡转、前程尽毁，这样的震撼与教训是任何理论教育都不能给予的。虽说出现个别反面案例对于任何一所学校来说都是一件很糟糕的事情，但如果利用得好，及时开展同辈教育，可能会对其他多数同学产生积极的影响作用，促使其弃暗投明、改过迁善，也未尝不是一件有意义的事。这也正符合老子所说的“祸兮福所倚，福兮祸所伏”话语中蕴含的辩证法之意。

（四）丰富心理教育活动，增强生命价值意识

近年来，自然灾害频发，让人类感觉到了自己的渺小，尤其是 2020 年初突

① 习近平．习近平谈治国理政（第二卷）［M］．北京：外文出版社，2017：336.

发的新冠肺炎疫情，更让人感受到了生命的脆弱与凝重。与此同时，高校学生群体中却出现越来越多的自伤及伤害他人的事件，凸显出青少年对生命的漠视，也拷问着高校的生命教育质量、反映着生命教育的缺失。具体到高职院校，则表现为片面强调技能训练而忽视学生人文素养的提高，学生成为片面的机械人而缺乏对生命应有的尊重和正确的态度。因此，有必要考虑将生命教育作为高职院校德育工作新的生长点，让生命教育进课堂。通过生命意识和意义教育、死亡教育、挫折教育、感恩教育、自我和谐教育等内容的分享，促使其不断感受生命之美，领悟生命之真，进而懂得敬畏生命、尊重生命！

在多元文化带来的价值多元背景下，部分思想尚未成熟的高职学生难免会因为各种各样的事件与挫折而对自身所处的环境与世界有着错误的认知和判断，不能正确认识生活中的得与失，不能正确对待生命中的顺境和逆境，顺境则生骄奢之气，逆境则妄自菲薄、一蹶不振，极端的甚至会出现过激行为。因此，需要积极开展心灵扶助活动，通过强化精神支持与心理调适，帮助有需要的同学正视生命中的困难与挫折，客观看待自身所遭遇的事件，树立正确的价值观，坚定自己的人生信仰，为其心理健康保驾护航。

（五）增加社会实践，强化价值体验

习近平总书记指出："一种价值观要真正发挥作用，必须融入社会生活，让人们在实践中感知它、领悟它，并注意把所提倡的与人们的日常生活紧密联系起来，在落细、落小、落实上下功夫。"① 马克思主义哲学也有一个基本原理，就是事物发展的根本原因和动力在于内因，外因只有通过内因才能起作用。价值观作为一种观念、思想，它对人的影响终究要通过个体的行为来体现，因为行为本身就是价值选择的结果。同样，社会的要求即便再美好，要真正实现还必须内化为个体的内在需要，这样才有可能最大限度地激发主动性和创造力。同理，要促使高职学生接受并形成正确的价值观，就需要将社会的要求转化为其内在的动力，使进步成为其内在需要，从而自觉主动地提升自我，创造社会价值，进而真正理解生命的意义。因此，需要通过多元的社会实践活动来增强对学生的价值观教育，使之完成内化。

第一，依托高职院校思想政治教育实践基地，在教育活动中增强价值观教育，践行中国梦。高职学生已经开始广泛关注社会，他们对社会发展的前沿问题

---

① 习近平．核心价值观要在落细落小落实上下功夫［N］．新华每日电讯，2014－02－26.

和热点问题都非常敏感，可以把这些问题引入实践基地，组织学生开展形式多样的实践活动，通过短剧汇演、辩论赛、演讲赛、微电影、模拟法庭等一系列活动完成价值观的辨析。在此过程中，学生真正成为课堂的主人，加深了其对社会的认知，积极性、主动性、创造力能够得到最大限度的发挥。

第二，拓展社会服务与社会实践，增强价值体验。所谓社会服务与社会实践，是指学生走出教室，以志愿者等身份参与社会服务与实践活动，以获得直接经验、发展实践能力、增强社会责任感为主旨的学习方式，是不同于学校教育的校外教育，是学校价值观教育的有益补充，其最大的作用在于可以有效改变高职学生的学习方式、拓展其学习空间。比起学校生活，社会显然是一个更为广阔的天地，有着更为丰富的教育资源和更为开放的视野。通过拓展社会服务与社会实践，把学生放置于更广大的社会背景中，使其课堂知识学习和社会体验学习结合起来，这对于提高学生的社会实践能力，帮助其形成积极向上的情感体验和健康充实的生活态度，增强学生对社会的使命感和责任感，形成正确的价值观，均具有重要的意义。

（六）以服务相关行业为特色，培育职业价值精神

高职教育作为高等教育的一个重要组成部分，除了具备一般高等教育的特点之外，重点在于“职业”二字。作为服务于地方经济的高等教育，高职教育往往与地方区域的相关行业有着千丝万缕的联系，所培养的人才也大多服务于当地行业产业。因此，多元文化背景下的高职生的价值观教育，除了满足一般意义上的教育对人的培养功能之外，还应体现出典型的行业特色与职业特点，旗帜鲜明，彰显个性，注重培育学生的工匠精神。

工匠精神属于职业精神的范畴，是从业人员的一种职业价值取向和行为表现，与其人生观和价值观紧密相连，是从业过程中对职业的态度和精神理念。[①] 高职院校的学生在其选择接受职业教育的那一刻起，就已经是某种领域、某个职业的潜在从业者，他们是未来社会合格技能人才的主力军。因此，需要在日常的教育中，对学生进行职业认知、职业态度、职业理想、职业操守等基本的职业精神方面的教育，使之在对职业建立基本理性认知的基础上有着正确的价值取向与行为选择。工匠精神的培养还可以增加学生作为未来的人力资本的附加值，增强其自身条件，使之在从业之后较快融入职业环境，平稳过渡为“职业人”。而职业价值精神的养成，

① 王丽媛．高职教育中培养学生工匠精神的必要性与可行性研究［J］．职教论坛，2014（22）：66.

也有助于学生在未来的职业生涯中走得更平稳、行得更久远。

三、建立健全核心价值观教育运行机制

（一）价值生成机制

高职核心价值观的形成，从本质上来说，是一个校本研究的过程，需要“自上而下”与“自下而上”相结合。这就意味着学校全体成员应成为核心价值观培育的主体，没有教师群体和学生群体共同参与而形成的高职院校核心价值观如同海市蜃楼，可望而不可即，是不接地气的，是无法对高职院校的发展以及对学校全体成员起价值引领作用的。因此，只有把自上而下与自下而上两种路径有机结合才能培育出真正适合高职发展、体现高职特点的高职院校核心价值观。

所谓“自上而下”，是指高职院校核心价值观培育的规划、设计等总体思路的推进需要学院领导班子、管理群体的首先参与，尤其是校长。因为校长是高职院校发展的引领者，是舵手，是学校的灵魂和核心，只有在以校长为首的管理群体的积极推进下，高职院校核心价值观的确立才能得以开始。“自上而下”的操作思路一般如下：以校长为首的管理群体首先认识到确立高职院校核心价值观对学院发展的重要性与迫切性，然后根据高职发展的实际需要，开始对核心价值观的相关问题进行研究，并在认识提炼的基础上对核心价值观培育的方案和思路进行设计和规划，在此过程中，校长发挥着不可替代的重要作用。方案形成之后，还需要利用一切机会对其进行积极的宣传，使之不仅广为人知而且被广泛认同，这是推广高职院校核心价值观、增强其影响力必不可少的一步。这个“自上而下”的过程是高职院校核心价值观确立的准备过程。

所谓“自下而上”，一方面是指高职院校核心价值观的生成一定要落脚到高职学生的现实生活中，落脚到教师和学生的教育教学当中，欲盖高楼先打地基，只有地基打好了高楼才能屹立不倒，高职核心价值观的生成也一定要找到其存在的根基，且其根基只能存在于一线的教育教学活动中；另一方面是指高职核心价值观的生成与培育要有广泛的群众基础，充分发挥学院教师和学生的积极性与主动性，调动高职院校所有的力量参与核心价值观的澄清，杜绝把高职院校核心价值观培育仅仅看作领导层面或者管理层面的事情的观念，摒弃与教师和学生无关的错误认识，要把持“自下而上”的思路，使高职院校核心价值观自然、顺理成章地生成，而绝非由高职院校领导层主观臆想且强制推行，只有满足群众需求的核心价值观才是最为持久、最有力量的。

总而言之，高职院校核心价值观的生成机制是设计起于上层，培育始于基层，“自上而下”和“自下而上”有机结合。在这里，笔者需要解释的是，“自上而下”和“自下而上”两种方式不存在矛盾和分离，而是同时进行且互为补充的。在高职院校核心价值观的形成过程中，有的阶段需要侧重于“自上而下”，有的阶段则侧重于“自下而上”，有的阶段则需要齐头并进、相互交融。在此过程中，二者的工作方法有所不同，工作重点也有所不同，但不论采取何种方式，只有二者相互配合才会有良好的局面形成。

（二）落实扎根机制

前文论述生成机制时，我们一直强调高职院校核心价值观的建立要接地气，要有其生存的土壤，这就涉及高职院校核心价值观的落实扎根机制。为了更好地使高职院校核心价值观确立，可以通过两种方式做到有效扎根——一是思想认同，二是制度落实。

第一，“思想认同”。所谓“思想认同”，顾名思义就是使高职院校全体成员在思想上认同并接受高职院校核心价值观的理念精髓。思想是行动的先导，高职院校全体成员只有在思想上认同了高职院校核心价值观，才有可能将其真正运用到教育教学生活当中，落实到具体的行动中，高职院校核心价值观才有可能落地生根。那么如何让高职院校成员达到对核心价值观的思想认同呢？首先，宣传工作需到位。高职院校不仅要通过大会、培训、报道等诸多方式从思想认识上加深全体成员对高职院校核心价值观的理解，而且要做好一些外显诸如校训、校歌等的设计。此外，还需增加丰富多样的校园活动来加深学院成员对高职院校核心价值观的体验。其次，过程参与要保障。教师和学生是教育活动中的两大主体，缺乏任何一方，教育活动都不是完整的。高职院校核心价值观的建立过程，也需要让高职全体成员特别是教师群体和学生群体尽可能地参与进来，教师和学生只有亲身经历了相关创建过程，才会对高职院校核心价值观的内容有更深的理解与把握，进而领悟到其所蕴含的教育真谛。

第二，制度落实。“思想认同”仅仅是思想的影响和精神的引导，依靠的是内部感化，而思想的改变是一个缓慢的过程，需要较为长期的时间才能实现，且在此过程中难免遭遇挫折而生出反复。此时，就需要通过“制度落实”这种外在的约束来进行行为强化。因为制度本身是刚性的，可以通过硬性的要求来达到立竿见影的效果，进而较快地实现既定目标。任何一种制度，遵守久了就会形成习惯，而习惯日积月累就会变为一种文化、一种精神、一种价值观甚至于一种人生。由此可见，制度的力量是强大的，任何一种思想与理念，只有变成一种制度，才能行之有效、行而久远。高职院校核心价值观的确立亦是如此。那么如何在制度中进行落实呢？简言之，就是把高职院校核心价值观的理念精髓与高职院校的管理方式、工作方式、学习方式有机结合起来，如同行人过马路要看红绿灯、乐队演奏要跟着指挥棒那样，把高职院校核心价值观内化为高职成员工作、生活、学习、交往的原则和标准，制度在这里发挥的作用主要是提供行为的具体准则和标准，形成群体意识，约束高职成员的行为，引领他们的思想，使之向高职院校核心价值观预设的方向发展。

（三）教育联动机制

从表面来看，高职院校核心价值观的建立是高职院校自己内部的事情，与他人无关，这种认识失之偏颇。高职院校是社会组织的一员，高职教育也是社会活动的一种，高职教育与家庭教育、社会教育联系密切、互为补充。家庭教育是人生最初、最早接受的一种教育。它在造就人才的启蒙教育和人生指导的终身教育中，具有无可替代的独特作用，它是高职教育、社会教育的基础和起点。社会教育是学生未来要面临的教育环境，是家庭教育、高职教育的外部环境、补充和扩展，是一种持续时间长、影响广泛的终身教育形式。高职学生处于未成年到成年的过渡期，已经开始初步接受社会教育，因此，社会对其的影响也是巨大的。但由于学生还处于高职院校这个相对封闭的教育环境中，因此其社会性成长并不充分，还具有一定的可塑性，这也是高职院校核心价值观教育实际可以有所为的现实基础。

学校是学生接受系统教育的主要场所，学校教育在整个教育系统中一直占据着主导地位，高职教育作为较高层次的学校教育，它在短短的 3 年时间内要对学生产生巨大的影响，其难度是较大的，操作起来会面临很多的实际困难。因此，必须争取对学生成长完善缺一不可的家庭教育和社会教育的支持，建立高职、家庭与社会三位一体的教育联动机制，免除高职孤军奋战、形成教育合力，促使高职院校核心价值观教育更加全面有效地展开。

（四）有效保障机制

建立健全高职院校核心价值观，除了思想认同和制度落实，还需要建立一定的保障机制，这里主要表现为激励机制和评价机制。激励一般分为物质激励和精神激励。很显然，在核心价值观的建立健全过程中，精神激励是更为合适的激励方式，其中，目标激励又是一种行之有效的方式。古往今来，目标激励的成功案例数不胜数：没有望梅止渴的目标激励，曹操的军队就不会寻找到救命的水源；没有越王勾践卧薪尝胆的目标激励，就不会有“三千越甲可吞吴”的雄壮历史；没有项羽破釜沉舟的目标激励，就不会成就“百二秦关终属楚”的傲人战绩；没有为中华崛起而读书、问苍茫大地谁主沉浮的目标激励，就不会有近代中国轰轰烈烈的革命；同样，没有实现中华民族伟大复兴的目标激励，我们的社会主义现代化事业也不可能蒸蒸日上，更遑论共产主义目标的实现……目标，是一个巨大的诱因，它能对人的精神产生巨大的推动力，促使人眼朝一个方向眺望、劲儿往一个方向发力，能够发掘人的才智，鼓舞和激发人们的积极性和创造性。因此，在核心价值观的建立健全过程中，经过努力达到目标后所获得的成就感和满足感的激励对师生而言才是最为持久的。

除了目标激励外，评价机制的建立也是高职院校核心价值观建立健全过程中的一个重要环节。因为只有对高职院校核心价值观进行合理评价，才能知晓其实效如何，也才能知道其不足之处在哪里，明了今后应该如何改进。建立高职院校核心价值观评价机制要秉承发展性的原则，以促进高职发展为主、批判甄别为辅。发展性高职评价是指评价主体以促进高职良好发展为目的而对高职的活动及状态所进行的价值判断。

我们这里所说的高职院校核心价值观评价是以高职为本的校本评价、高职主体对自我的评价。首先，这种评价机制是面向高职未来发展的价值取向。它强调评价的诊断和改进功能，发现高职发展的方向，分析高职院校核心价值观现存的问题和发展优势所在。发展性高职评价的理念告诉我们，高职评价只有面向未来才能谋求发展，才能努力创设发展的环境和条件。其次，这种评价是注重过程的评价。单纯以目标评价为模式的评价体系，过分注重结果而非过程，这样的评价只会成为评判与鉴别的工作。我们现在主张的是注重过程的评价，注重高职院校核心价值观建立健全过程的各项细节，以及后期产生的影响等方面的长远评价。最后，高职核心价值观评价标准的确立一定要从高职特点和实际出发，必须遵循科学性、客观性、可操作性、参与性、前瞻性、教育性、特色性等标准。

（五）校外辅助机制

苏轼有诗曰：“不识庐山真面目，只缘身在此山中。”也有人言，当局者迷旁观者清……这些至理名言都告诉我们一个道理：只有跳出问题看问题，才能发现更多的问题，找到问题的症结所在，从而更好地解决问题和预测未来可能会出现的问题并制定相应的对策。因此，在建立健全高职院校核心价值观的过程中，也需要一些校外“旁观者”的帮助，从不同的视角帮助高职院校澄清价值观念，明晰学校发展过程中存在的自己很难意识到却实实在在影响发展的问题，如此才能思路清晰、方向明确。因此，需要建立相应的校外辅助机制，聘请校外教育专家参与高职院校核心价值观的建立健全过程，以达查漏补缺之效果。

对于高职院校而言，聘请校外专家对自身发展的益处是显而易见的。校外专家拥有更高的理论水平、更宽的教育视野、更自由的研究环境和更小的心理压力，不用去考虑学院内部错综复杂的各种关系，只需一心投入既定的研究当中即可。当然，在这一过程中专家和高职院校也应该追求“双赢”，争取各有所获，一方面教育专家可以从相关的研究中积累研究经验，丰富自己的研究成果；另一方面高职院校可以在专家的帮助指导下获得健康发展。只有进行这样的合作，双方的关系才能持久、指导才会更富成效。

四、拓宽价值观教育渠道，丰富价值观教育载体

（一）利用大数据分析，提升价值观教育的精准性

随着现代科技的快速发展，大数据已经广泛应用于人类生活的各个方面，也改变着人类的生活方式和行为方式。大数据的普遍应用改变了学生了解世界和认识世界的认知方式，使得高职德育尤其是价值观教育的外部环境变得更为复杂。但科技本身并无善恶之分，关键在于人类如何利用，因此，大数据对高职德育也不是全无用处。在高职院校德育教育过程中，可以尝试寓大数据载体于价值观教育中，提升教育的针对性与精准性，同时促进价值观教育由理论走向实践。

1. 依托大数据分析，了解学生的价值倾向

2014 年 5 月 4 日，习近平总书记在北京大学师生座谈会的讲话中提道：“青年的价值取向决定了未来整个社会的价值取向。”青少年是未来社会发展的中坚力量，他们的整体水平与质量决定着国家和民族的未来走向，因此从这个意义上说，今天青少年群体价值观建设的状况以及发展趋势决定着未来社会的整体价值观导向与价值观取向。[①] 高职学生是青少年群体中的一个重要组成部分，其价值观认知倾向、核心价值观认同及实践情况对未来的社会发展将产生重要的影响。科技的发展使得通过大数据精准分析时代中的个体成为可能，个体的一些喜好、

---

① 林安琪. 大数据背景下高职学生社会主义核心价值观培育研究［D］. 贵阳：贵州师范大学，2018：22.

习惯性行为乃至于思想倾向、价值选择或多或少地可以通过大数据的分析寻到一些蛛丝马迹。因此，高职院校德育工作可以考虑依托大数据分析技术，对学生的价值倾向进行数据筛选与调查，从而帮助学校教育者把握高职院校学生的价值观状况，进而有针对性地采取相应的教育方式。

2. 依托大数据分析，优化价值观教育内容

道德成长有其自然规律，通常需要经历道德认知、道德情感、道德意志、道德行为四个阶段，即人们常说的知、情、意、行规律。同理，价值观教育也要经历四个阶段，即价值认知、价值判断、价值选择、价值行为，在此过程中，价值观教育的内容选择即呈现给学生的价值认知就显得至关重要。长久以来，我们在漫长的教育过程中已经为学生选择了一部分主流社会认为重要的、需要学生知晓的价值观教育内容并以各种方式传授给学生，但学生已有的价值认知和这些内容之间有无联结点、有多少契合却是教师不能完全明了的。因此，在实际的价值观教育中就难免会出现学生需要的知识老师并未传授，而老师教授的知识满足不了学生的需求的现象。如此，在高职价值观教育中依托大数据分析，可以帮助教育者更快地了解学生的价值倾向与缺失，帮助教育者澄清哪些内容是不需要的、哪些内容是重复的、哪些内容是篇幅较少需要增多的、哪些内容是效果不好需要改进的、哪些内容是有害需要杜绝的、哪些内容是需要增强实践体验的等。总之，依托大数据分析可以提高价值观教育内容选择的精准性，从而有利于高职优化价值观教育内容，纠正当下高职价值观教育内容中存在的偏差，使之变得更为合理和完善。

3. 依托大数据分析，预测学生行为并适当干预

高速发展的现代网络给多元价值观的渐进渗透提供了机会和可能，使得价值观教育的环境变得分外复杂，突出表现在网络传播使得高职学生获得知识的途径更广、效率更高。但与此同时，由于有效监督机制和管理机制的缺失，网络舆论随意化和信息虚假化的情况层出不穷，甚至有不法分子利用网络漏洞实施犯罪行为，这些现象的出现都会影响价值观并不成熟的高职学生，影响其价值判断与价值选择，严重的甚至影响其身心健康，致使许多同学的社会适应性出现问题，沉溺于虚幻的网络世界而忽视了真实的生活体验，思想游离于主流价值观之外。面对此种情况，可以考虑依托大数据分析，重点筛选并关注价值观可能偏离正确航线的同学，根据有效的条件对其行为进行分析、推理、预测，并建立预警机制，及时掌握学生的思想情况，在其行为没有出现大的问题之前对其进行干预，及时排查隐患，提供正确的心理疏导，保证学生发展的正确方向。

4. 依托大数据分析，健全价值观教育机制

大数据的普遍应用，特别是互联网、云计算和移动大数据等技术的发展，正深刻地改变着教育的面貌，推动教育向数字化、网络化和智能化方向发展。[①] 由此视角来审视高职教育，会发现其影响不仅仅局限于对教育技术的革新，还体现为对学习、教学、组织模式的冲击以及由此给教育理念和体制带来的深刻影响。概括言之，大数据时代让高职学生价值观培育问题面临着复杂性、技术性、伦理性方面的挑战。[②] 因此，可以考虑依托大数据分析建立健全价值观教育机制，以保障高职德育生态的构建。

建立健全高职价值观教育机制，首先要建立高职学生价值观引导及内化机制。在多元化、时效化、碎片化信息泛滥的今天，通过大数据分析与筛选，建立起相关的网络舆论安全机制，限制网络传播的不良信息，为高职学生正确价值观的获得树立起网络“防火墙”。还可以从高职学生的生活实际出发，运用大数据分析学生的兴趣爱好及特长，并由此建立专门的信息数据库，有意识地培养学生的价值观，为其创设一定的实践环境并引导其在社会实践中完成价值观外化。

建立健全高职价值观教育机制，其次要建立促进学生有意义学习的教育机制。在大数据的背景下，学生获得知识的速度增快、内容增多，但是大数据条件下的知识内容大多是短平快、零散化的，并不利于学生构建完整的知识体系，也不能从根本上解决理论与实践脱节的问题。因此，有必要探讨在高职院校构建“数据库”式的教学机制，找准价值观教育的着力点、落脚点和契合点，培养学生进行有意义的学习，使其学有所得、行有所获。

此外，依托大数据分析建立健全高职价值观教育机制，还需要完善学生的数据安全保密机制。当今社会，隐私保护已经成为一种奢侈，个人信息泄露事件层出不穷，带来了恶劣的社会影响，大学生“徐玉玉”被骗导致意外死亡事件的发生就是很惨痛的教训。因此，在依托大数据建立健全高职价值观教育过程中，学生数据安全就成为工作中的重中之重，如此才能避免上述悲剧重演。在此过程

---

① 林安琪. 大数据背景下高职学生社会主义核心价值观培育研究［D］. 贵阳：贵州师范大学，2018：43.

② 林安琪. 大数据背景下高职学生社会主义核心价值观培育研究［D］. 贵阳：贵州师范大学，2018：43.

中，有几个环节特别重要，一是要保障高职学生各项基本数据的存储安全，进行有序规范管理；二是要加强高职学生数据的共享安全，有利于校企合作；三是要保障高职学生数据的隐私安全，保护学生的正当权益；四是要建立一定的问责机制，保证权责对应。

（二）发挥网络媒体作用，创设有利的价值观教育环境

在现代的网络环境下，高职学生的社会交往变得更加多元，他们通过微博、微信、QQ 等网络平台与陌生人交往，通过抖音、快手等网络直播平台了解外面的大千世界，获取各种各样的信息。网络媒体的出现，打破了权威对知识的垄断，让教育从封闭走向开放，人人都能够创造知识，人人都能共享知识，人人都可以获取和使用知识，人人都是教育的生产者，同时人人又都有可能是知识的消费者。[①] 这样的新媒体手段作为资源共享平台，在高职学生中有较高的认可度。因此，可以考虑将这一新媒介搬进高职课堂，把这些新的手段融入高职院校德育工作中，应用新媒体技术融合德育教学资源，以高职学生为中心，建立最广泛的德育课堂教学网上与网下生态连接，对高职学生进行核心价值观教育。

1. 利用“微课”教学，突出高职核心价值观

所谓“微课”是指在教学活动中，教师立足课程中的某一个知识点，通过网络视频进行教学的一种新模式。除了视频外，还要上传相关的电子教案、素材、课堂练习与试题等学习资源。它具有短小精悍、针对性强、教学时间短等特点。在高职德育教学中，教师可以根据发生在现实生活中的学生较为关注的时事热点问题制作微课，根据不同的主题精心设计相应的教学内容，再结合核心价值观内容适时升华，并添加相应的视频、图表、图片，使内容的讲解更为直观、生动，同时设计好相应的练习，及时回答学生在线的提问，形成良好的互动。

2. 采取“微视频”形式，活化高职核心价值观

随着智能手机的普及及其功能的不断完善，加之抖音、快手等平台的不断涌现并广受追捧，录制、观看、分享网络小视频已经成为高职学生生活的日常，他们除了在网上观看大量的短视频之外，也会自己动手制作一些短视频并发布到网上去，有的同学甚至在学习之余兼职网络主播且成绩不俗。不同的视频内容会传

---

① 赵国庆．“互联网+”教育：机遇、挑战与应对［N］．光明日报，2015-06-09.

递出不同的价值理念、创设出不同的价值情境，因此，可以在德育教学中采用微视频的方式，以专题、作业、任务的形式让学生动手、动脑，制作与核心价值观相关的微视频并发布到网络上，锻炼学生能力的同时也有助于提高其学习兴趣。此外，还宣传了学校的核心价值观，一举三得。

3. 推广“慕课”，拓展核心价值观空间

所谓“慕课”（MOOC），通俗地理解就是一种大规模的、开放式的网络教育课程，吸收有共同兴趣的人进行网上注册学习，整个学习过程都在网上完成、学习不受时空的限制，不受国籍的限制，任何专业的高职学生都可以进来学习讨论。这是当前非常流行的一种教学模式，它突破了传统课堂的空间限制，增加了学习的自由度，也是适合高职院校核心价值观教育的一种方式。在网络高度发达的现代社会，“慕课”这种新的教学方式可以为高职院校德育教学提供一种新的思路，有助于高职建立网络精品价值观课程，为高职院校学生创设良好的价值观教育环境。

4. 深化“微实践”活动，促进核心价值观的内化

与传统的社会实践不同，“微实践”是依托网站、微信、微博、视频平台等网络媒体进行的一种全新的实践活动，活动的全过程都通过网络媒体进行传播，从而扩大实践活动的影响力。比如说，学雷锋活动月、五四青年节、宪法宣传日、一二·九纪念日等和清明节、端午节、中秋节、重阳节等诸如此类的特殊日期，都可以组织学生开展一些的相关实践活动，要求其通过网络媒体查阅相关的资料，做好组织、策划及宣传工作，从而锻炼其实践能力。对于上述实践活动过程中产生的优秀案例，还可以在校园网、微信公众平台进行展示，网上、网下共同宣传，尽量扩大活动的影响面，发挥其在同辈群体中的榜样示范作用，以达到择善从之、见贤思齐之效。

陆游有诗曰：“纸上得来终觉浅，绝知此事要躬行。”这告诉我们一个最浅显不过的道理：学习终究要通过实践来完成它的升华与内化，个体只有深入地实践之后，才会对所学的理论知识有更深刻的领悟与体会。同时，实践性也是高职教育的一个重要特点，学生需要在技能训练中更好地消化、吸收自己所学的理论知识，从而培养一定的实践操作能力，为未来成为合格的职业人做准备。

高职院校价值观教育的内化，可以通过诸多方式来完成，社会调查实践、义务劳动实践、志愿者活动实践、公益活动实践等，均为价值观教育的有益载体。

学生通过不同的实践场景，可以获得不同的情感体验，可以用自己学过的理论知识深入社会、体验民生、感知国情。课堂上学习的枯燥的知识被鲜活地现实演绎出来，使高职学生把感性认识上升到理性认识，能够加深他们对价值观理念的认同，并把它作为自己的处事准则，进而约束自己的行为，真正实现核心价值观的“内化于心、外显于行”。

第三章

高职德育教学生活化

400多年前，卸任回家的顾宪成在江苏无锡的东林书院发出振聋发聩的声音——“风声雨声读书声，声声入耳；家事国事天下事，事事关心”；100年前，学成归国的陶行知提出他的生活教育论，明确指出：“生活即教育，社会即学校，教学做合一”“我们要活的书，不要死的书；要真的书，不要假的书；要动的书，不要静的书；要用的书，不要读的书。总起来说，我们要以生活为中心的教学做指导，不要以文字为中心的教科书”；10年前，高德胜语重心长地说：“道德教育要回归生活，必然要关注自身的时代境遇，回应时代的挑战……教育是一项生命事业，只有深刻理解当下时代的文化处境，理解周遭的生活，我们才能穿透纷繁复杂的现实，去窥见那指向未来的一束光亮。”① 这些至理名言，给了我们高职院校德育工作者一个深刻的启示：读书是为了解决生活问题，学习是为了更好地生活。高职院校德育工作要想取得实效，达到既定的教育目标，就必须关注其教学对象——学生的生活世界，要从学生的生活经验和已有的生活背景出发，联系生活开展德育，把德育知识生活化，体现出“德育源于生活，寓于生活，为生活服务”的思想。

目前，高职院校的德育课程主要表现为思想政治理论课，它是高职院校德育教学的重要组成部分，也是其主要渠道和阵地，是国家教育方针在高职教育阶段的具体体现，具有较强的思想性与理论性，对高职学生树立正确的世界观、人生观、价值观具有重要的影响。本章内容意在通过对高职院校目前的德育教学现状进行深入分析，找到其存在的原因并提出解决办法，从教学目标生活化、教学内容生活化、教学形式生活化和评价形式生活化等角度探讨高职德育教学的生活化。

第一节　高职德育教学生活化的基本内涵解析

为了准确分析高职德育教学的现状，对其进行理论建构，必须先对高职德育

① 高德胜．道德教育的时代遭遇［M］．北京：教育科学出版社，2008：扉页．

教学生活化的基本内涵进行分析与界定。本节内容在界定高职德育课程教学生活化时重点考察了学界有关“教育回归生活世界”的相关观点。

教育之所以要回归生活世界，出发点是教育偏离和遗忘了生活世界。[①] 有观点认为，“知性取向下大学道德教育的失位，道德教育的科学化、泛政治化、理想化、缺乏层次性和针对性等原因导致大学的道德教育疏远生活、疏远生命和疏远文化。因此，道德教育必须回归生活世界。”[②] 还有研究者认为，“长期以来，由于受科学主义、理性主义和工具主义的影响，大学生德育逐渐地形成了远离人的主体性发展需要的模式。具体表现为在目标上偏离生活，在内容上疏离生活，在过程上背离生活，在方法上隔离生活。”[③]

高职的德育回归生活世界体现在高职课堂德育中必然是教学与学生生活世界紧密联系。事实上，诸如卢梭的自然主义教育思想、杜威的生活教育理论、陶行知的生活教育思想等，都是教育回归生活世界理念的来源。有研究者认为，德育回归生活世界包括“从内容上突出生活性、方法上注重体验与实践、评价上侧重学生发展、领域上覆盖生活和师生关系的生活化”[④]。还有观点认为，“要实现道德教育向生活世界的回归，需要改变的是以往僵化的教育观念，改变以往道德教育重行为轻情感、重理论知识轻自主理性、重知识轻实践等行为。”[⑤]

前人对于德育回归生活世界的论述，不论是现实的反思还是出路的选择，都必然涉及三个方面：课程设计、课程实施和课程评价。基于此，笔者认为高职德育课程教学生活化也必然包括三个有机的方面——取材于生活的教学设计、解决生活问题的教学实施、回归生活的教学评价。

一、教学设计——取材于生活

（一）教学目标要贴近学生生活

教学目标是实施课堂教育所要达到的期望结果，规定了教育的内容及方向，是教育的出发点和归宿，制约着教育活动的整个过程。这里提出教学目标要贴近学生生活，是指高职德育课程的教学目标设计要贴近高职学生的生活实际，反映高职生活的真实情境，既体现出一定的理想性，又反映出现实性；既体现出对学

① 潘斌．论教育回归生活世界［J］．高等教育研究，2006（5）：8.

② 张忆琳．回归生活世界的大学道德教育研究［D］．天津：河海大学，2005：15—22.

③ 邱海峰．论大学生德育生活化范式的构建［D］．福州：福建师范大学，2007：9.

④ 孙自强．学校德育回归生活的研究［D］．武汉：华中师范大学，2005：22—30.

⑤ 张忆琳．回归生活世界的大学道德教育研究［D］．天津：河海大学，2005：23.

生的统一要求，又有助于学生彰显个性。

1. 目标要从重理想转变为重现实

长久以来，我们都把对高职学生的殷切希望寄托在高职道德教育的要求中，我们希望学生能全面发展，成为社会主义建设的接班人，成为新时代的弄潮儿，但是无论是全面发展还是“四有新人”的要求，都表现出理想的特征，它所要求的是教育要培养通体为善、毫无瑕疵的人格，这是一种美好的期待，但是却脱离了现实，脱离了学生生活的根基，仅仅是一种理想中的状态。我们知道，理想中的全能的人其实是不存在的，即使如孔子般伟大的“圣人”，也不是完美而毫无瑕疵的，何况一个普通的高职学生。因此，我们在设计高职德育教学目标时，必须要回归高职学生的生活实际，可以要求学生，但这种要求是学生经过努力之后可以达到的，而不是“要求人去做的，高不可攀；应当去做的，却失之规范，无所适从”①。过高的目标定位不仅会浪费大量的教育资源，造成教育的低效，也会引起学生的厌恶，从而产生逆反心理，导致相反的后果，从而陷道德教育于尴尬、两难的境地。要解决这一问题，就需要降低对学生的要求，根据高职学生的实际来确定教育目标，充分考虑学生的实际水平和需求。此处需要指出的是，教育目标由理想到现实的转变，不是否定理想的重要性，而是要根据现实的教育情境来确定可能达成的理想，过于远大的理想和遥不可及的理想对现实教育的作用总是非常有限的，而短时间可以达成、经过努力可以达到的理想更容易为大多数高职学生所接受。

2. 教学目标需要体现一定的层次性

在现实生活中，每一个高职学生的家庭来源不同、所受教育不同、成长环境的差异加之个性的迥异，会导致学生思想层次有所不同，学生之间的思想境界也会存在高低之分。但无论差别如何之大，有一点不容置疑，那就是学生只有具备了较低层次的思想意识，才有可能在未来具有较高层次的思想意识，意识的发展也是有阶段性的，是逐层推进的。试想，一个不会爱自己的人怎么会有多余的爱给别人？一个不懂得感恩、连周围的父母亲人都不懂得关心爱护的人又怎么可能胸怀天下，以天下为己任、报效国家呢？这样的人才是残缺的，是不可能成为社会建设的中流砥柱的，这正是“一屋不扫，何以扫天下”题中之义。因此，在

---

① 张澎军．德育哲学引论［M］．北京：人民出版社，2002：63.

制定教育目标时，需要考虑到思想发展的层次性，引导高职学生一级一级地提高道德思想意识。

在制定教育目标的层次时，需要充分考虑高职学生的接受性和现实教学中的可操作性。目前，我们的教学教材中设定的都是总的教育目标而缺少分层的梯度，听起来很美好，但只有远期目标而没有近期目标的目标就会成为海市蜃楼，显得虚无缥缈，在现实生活中很难实践，更遑论实现。因此，可以综合考虑高职学生的实际生活，从实际出发，兼顾不同家庭背景和个性特征的学生，贴近学生生活，把对学生要求的广泛性和个别性结合起来，使每个学生都能找到努力的方向。具备了层次性的教育目标，更容易为学生所接受，使得每个学生都能准确为自己定位，只有绝大部分高职学生都取得进步，才能认定高职道德教育是有效果的。

（二）教学内容要取材于生活

虽然在不同的国家和同一国家的不同历史时期，道德教育的目的不尽相同，但是，有一点是相通的，那就是人们对美好幸福生活的向往，虽然道路迥异，但是最后的归属是一致的。高职教育作为教育的一种形式，其真正使命也是让学生获得美好生活的能力，使其得到幸福。而幸福和美好与个人的生活状况又是密不可分的，因此，高职道德教育必须切入学生的生活世界中，从高职学生的所见、所闻、所感、所思、所悟出发，切实解决其在生活中遇到的困惑和问题，使其有能力主宰和安排自己的生活，教会他们做生活的主人，这样的教育才是有意义、有价值的。高职道德教育要取得良好的效果，就需要从生活中取材，运用生活中的实际案例来教育学生。

1. 教材来源于生活的优势

首先，来源于生活的教材更容易引起学生产生共鸣，从而为学生所接受。道德教育能否被受教育者主动接受、在多大程度上激起其心理的变化，是评价道德教育是否有效的一个标准。无视学生的实际情况、无视学生的自身特点和需求的道德教育只会适得其反，那样的教材教法只是把学生当作一个知识的容器而不是活生生的可以改善提高的个体。每个受教育者都是在现实的生活中成长起来的，他们与周遭的生活有着千丝万缕的联系，是生活的直接感受者和现实的创造者，他们对于生活有自身独特的体悟和解读。因此，只有取材于生活的教学内容才会引起其兴趣，才能真正对其生活有所影响。人本主义心理学家罗杰斯曾经把学习区分为有意义的学习和无意义的学习两种，他所讲的有意义的学习是学习内容与学习者的目的、需要具有相关性的学习。当学习者认为学习内容与自己的目的、需要相关时，他的学习积极性就高，效率也高。[①] 从这个角度来说，我们可以这样认为，取材于现实生活的高职道德教育素材更容易为学生所接受，更容易促进高职学生的有意义学习，从而促进其道德的发展。

其次，来源于现实生活的素材更能体现时代性。随着时代的发展变化，现代化的进程会给传统的道德教育带来极大的冲击，人们之间的交往方式和价值观念也会随之发生一些变化，与之相应的道德教育也需要随之做出调整，只有这样才能更加符合学生需求，解决学生面临的现实问题。道德教育的内容多数是反映人们交往的利益、习惯和情感等问题，包含着人们对生活的感受、理解、领悟、追求和向往，这些情感因素在不同的时代背景中有着不同的体现，具有鲜活的生命力。高职道德教育素材与内容只有取材于高职学生所面临的现实生活，才能保证其所传授的伦理道德规范和社会价值体系是充满生命气息的，只有富有生命力的教学内容才能真实地反映学生的生活，从而为其所接受。此外，高职学生的生活本身不是一成不变的，而是有着新的变化和发展。随着时代的变化与进步，社会对青年一代的道德要求会有所不同，道德教育的内容与领域也会随之有所拓展，体现新的内涵。在封建时代，对青年的道德要求是一心只读圣贤书，忠君爱国，维护封建礼制；在追求国家独立和民族解放的战争年代，对青年的道德要求则是担当兴亡大任，解国家之危难，救民众于水火；在当下的和平年代，对青年一代的道德要求则是做社会的合格公民，为实现中华民族伟大复兴而努力奋斗……如果我们无视这种变化而只是采用旧的内容来约束新时代的高职学生，显然是不合时宜的，是行不通的。

2. 从生活中取材要注意的问题

首先，素材要能体现高职学生的困惑，体现其普遍的关心。高职学生正处于思维活跃期和敏感期，大到社会、人生，小到人际交往、恋爱问题，他们都会有很多的困惑，需要得到来自学校和教师的帮助与支持。因此，高职院校道德教育的主题与素材，应该选取高职学生在现实生活中遭遇的且具有普遍性的热点问题，选取学生关心的、存在疑难的问题，选择学生的亲身经历或者富有教育意义的生活事件来激发其思考与讨论，加深其体验和感悟，从而促进学生相应道德情

---

① 鲁洁．道德教育的当代论域［M］．北京：人民出版社，2005：301.

感的建立和道德行为的巩固。

其次，素材要体现阶段性和连续性。同样是高职学生，不同阶段的学生关心的问题和面临的困惑也不一样，一年级的学生面临的适应问题和人际关系的问题更多一些；二年级的学生可能会在学业、恋爱、社会交往等方面产生一些困扰；三年级的学生更多关注人生规划和升学、就业等问题。因此，高职道德教育的内容也需随之有一些变化和侧重，对低年级的学生主要侧重于人际关系的处理和心理健康的调适方面，而对高年级的学生则需要关注职业道德的教育和处理一些社会关系等方面的内容，紧跟他们的问题，努力帮助他们直面生活的困难，帮助其确立正确的生活态度，形成健康的心理素质。

最后，素材要包含高职生活的全部方面，不能只选正面的素材而回避反面的教材。生活是具有两面性的，它包含好的因素，也存在不好的因素。阳光是不可能照射到每一个角落的，总会有其照射不到的地方，社会亦如此。在为学生选取素材时，我们不能只关注正面的案例而忽视生活本身具有的阴暗面，比如社会的腐败问题，多元价值观下的金钱至上、见利忘义、自私自利、诚信道德缺失等问题，还有焦虑症、抑郁症等问题，这是现实存在的生活的一部分，需要学生正视它、面对它，并努力修正它、克服它，杜绝不良思想以免影响自己以后的生活。针对生活中出现的新问题开展教育，把其作为高职院校道德教育内容的新的来源。

生活是道德教育的起点，也是其最终归宿，课程教学的选择亦是如此。无论从什么角度选择教学内容，选择什么样的课程教学方式，都应该以是否有利于促进学生个性的发展和道德的完善作为衡量和评价的标准。只有来源于生活的课程教学，才能更好地指引学生未来的生活。

二、教学实施——解决生活问题

高职院校的德育不是封闭的教育，不能通过高高的围墙把学生与社会隔离开来，虽然教育者的初衷是想为学生创造一方净土，使其在相对比较纯净的校园环境中成长，但事实并非如此。无数现实案例告诉我们，学生如果在大学时代不能充分地了解社会，与社会接轨，那么在毕业之后很难很好地适应社会生活，成为真正意义上的“社会人”。因此，需要使高职学生通过生活中的案例来了解自身所处的社会背景、道德价值规范和为人处世的道理，从而解决其生活中面临的困惑。

（一）教育途径要融入生活

首先，重视高职学生的社会实践活动。理论联系实际不仅是我党的优良传统，也是提高高职学生思想素质的重要原则。所谓“读万卷书不如行万里路”，说的也是这个意思。实践出真知，很多道理，如果只停留在课堂教师的说教，学生当下也许认同老师观点、明白其中之意，但如果遇到实际的问题，可能就把老师的教诲抛之脑后，仍然按照其固有的行为模式去处理问题，并不能把所学知识转化为实际的行动法则，影响其真实的生活。行是知之始，知是行之成。高职学生需要一定的社会实践活动来加深他们的道德体验，促进知行统一。笔者在教学之时，曾经组织班级的学生做过一些社会调查，学生表现得非常积极并且能够把良好的作风贯彻到实际生活中，对人对事也有了更深切的了解和感悟，效果非常显著，学生的努力与成长给笔者留下了深刻的印象，由此更加坚定了重视高职学生社会实践活动的观点。

其次，重视同辈群体对高职学生的影响。古人有言：“学贵得师，亦贵得友。”这说明在学习过程中，老师和同伴的作用同等重要。对高职学生而言，其大部分的校园生活是与同辈群体一起度过的，周边同学对其的影响在某种程度上比老师和家长更大，他们之间因年龄、经历相仿，困惑相同，彼此更容易沟通，对很多问题容易抱有一致的看法，且同伴之间彼此平等，没有与家长和教师相处时的束缚感，他们的思想、意见、看法可以毫无掩饰地表达，交流表现得更为顺畅。由此可见，同辈群体的影响在学生的校园生活中的作用非常明显，因此有必要对其引起重视，从同辈群体中挖掘标杆，树立典型，用榜样的力量激发其他同学上进。

再次，注重运用网络、多媒体教学设施来开阔学生的视野。随着信息化社会的到来，网络已经成为高职学生生活的一部分，很多同学每天都会花费大量时间用于上网。学生在这一过程中有哪些成长、多少收获，教师可以通过哪些方式和手段来利用学生的网络学习契机，这些问题都是教师可以思考的方向。

最后，注重国家和社会发生的大事对高职学生思想的冲击。人是社会中的人，个体的成长和幸福离不开整体社会大环境的良好运行和发展，因此，个体需要时刻关注整个社会的运行，其内在也是关注自身的成长。高职学生虽然身处校园，但是总有一天，他们会脱离家庭、学校的庇护，去独自面对生活的风雨，体味社会的炎凉、人生的百态，因此，有必要在学校期间为他们将来步入社会做好思想的准备。高职教师在教学过程中可以关注社会热点，利用国家和社会中发生的、对学生有重大冲击力的事件，开展具体的讨论，促进其思考，并对其进行积极正确的引导。

（二）教育过程要关注生活

首先，教学过程本身也是解决高职学生生活问题的过程。知识都是源于生活的，人们为了解决生活中面临的各种各样的问题而积累了种类多样、内容丰富的知识，学生在来到高职院校前已经有了一定的生活经验，并带着不同的生活疑问。教育过程本身就是释疑的过程，高职教育也不例外。通过高职教育，可以增加学生的生活智慧，形成正确的生活态度，理性看待生活问题，从而更加自信地面对未来的生活。

其次，要注重学校、家庭、社会的教育合力。人是环境的产物，每一位高职学生的成长和个性的形成，都会受到家庭氛围的熏陶、社会大环境的渲染与教师教育的影响，如果三方面的教育价值观不能协同一致，就会导致教育的低效乃至失败。教师在课堂上苦口婆心一个钟头的说教，有时还不如家里父母的一个动作，也抵不过公共场合或者影视作品中的一个镜头。由此可见，学校教育只有得到家庭的支持和社会的合作，才能呈现出应有的面貌。因此，高职院校的各项工作、各个岗位的工作人员、各个公共场合，都应该体现出道德教育的意味，在工作过程中贯穿道德教育。

此外，教师在课堂上除传授学生相应的文化知识外，更重要的是教会学生一些“方法”：做人的方法、做事的方法，提升自我的方法、健全心理的方法等。所谓“授人以鱼，不如授人以渔”，学生的思想发展了、思路清晰了、思维活跃了、观念更新了、视野开阔了，学问和能力自然就会提升了。只有导向学生未来生活的思想道德教育才可以称为成功的教育。

三、教学评价——回归生活

高职德育课程教学的考评是每一位高职德育教师都必须实际操作的一项重要工作，也是检验高职学生对相关理论知识的掌握程度和相应态度的重要手段，是对高职学生德育课程学习和成长的直接鉴定，具有一定的导向作用，关系高职学生的德育发展。如果考评方式合理得当，能极大地激发学生的学习热情，因此，需要参评教师认真对待。

（一）评价要回归生活

首先，对高职学生的德育评价要坚持在生活中进行。道德教育来源于生活，生活是德育的源泉，高职学生良好品质的形成离不开他们对生活的认识、感受、理解和体悟。因此，高职德育教师在对学生的学习进行评价时，需要结合其课堂表现，关注其在实际的生活情境或者类似于实际生活情境中的表现，对其进行评价，以求客观真实地反映学生的发展状况。美国著名的发展心理学家加德纳说："除非将评价置于现实生活和社会联系中，否则，我们怀疑它能否恰当地代表人类的智能表现。"[①] 德育评价尤其如此，除非将其置于真实的生活之中，否则，评价结果很难恰当地反映学生的道德发展水平。在生活中进行评价，要求高职德育教师在组织班级活动和社会实践活动中，及时发现学生思想道德方面的闪光点，自然准确地进行评价。此外，教师需要在课堂生活中对学生的态度、价值、情感有较好的把握，力求做到客观公正地评价。

其次，对高职学生的德育评价要坚持以人为本，采取多元的评价方式。评价只是手段，不是教育的最终目的，教师的每一次评价都要留给学生自我反思、自我提高的空间，这也体现了"长善救失"这一教育原则的应有之义。评价内容力求多元，力争每一章节的学习之后都能有一次小的评价，改变过去单一的考试方式，改变过分单纯依赖分数评价的方式；评价时间力求多样，力争每次活动之后都能及时评价；评价方式力求多元化，做到定量评价和定性评价相结合，教师客观评价和学生自我反思相结合，学生自评和同学之间互评相结合。力求每位参与教学的学生都能在评价中增加自信，体验到被他人认可的快乐，也能在评价中看到不足，知晓自身的缺陷与努力的方向，从而真正增加道德体验，提升道德情感，巩固道德行为。每一位高职学生都有其独特之处，同时存在不足，所谓"金无足赤，人无完人"，多元化的评价方式着眼于学生的不同个性，意在促进不同个性学生的共同进步，有利于形成较为全面、完善、客观的评价体系。

（二）评价要着眼于学生的发展

首先，构建"以发展为本"的高职学生德育课程评价体系。学生的发展和成长是教育的最终目的，是学生评价的重要价值取向，因此，高职德育课程成绩评定体系的构建应以促进被评价学生的发展为目的。着重于发展，就是避免为评价而评价，评价不仅要检测学生对相关理论知识的掌握程度，更重要的是通过有效的评价，能够提高学生在实际社会生活情境中运用这些理论知识解决问题的能力，从而促进学生的全面发展。

---

① 张晓峰．对传统教育评价的改革［J］．教育科学研究，2002（4）：29.

其次，要注重质性评价，淡化分数意识。德育课程与其他的专业课有所不同，用量化的方式很难对学生的学习做出客观准确的评价。用简单的数字来描述学生在德育课程中的表现及成长，这样的评价方式是存在局限的，其信度值得商榷。高职学生的道德认知和情感是非常复杂且不断变化的，仅用分数很难表现其道德情感和发展水平。因此，需要对量化的评价模式进行反思，注重在评价中使用观察、访谈等质性探究方式，以一种欣赏的眼光和态度对高职学生进行评价，能够正确观察学生的优点，也能客观面对学生的不足，把教育鉴赏与教育批评有机结合。

第二节　高职德育教学生活化现状分析

为了解高职院校德育课程的教学生活化现状，笔者编制了调查问卷，并且对选定的样本学校进行了调查和访谈，收集了本研究所需要的第一手资料，采用SPSS统计软件对调查数据进行了整理，并且结合访谈情况对之进行了分析。下面分别阐述该课程教学现状调查的情况和存在的问题。

一、生活化视角下德育教学现状调查

本次调查包括学生问卷调查和教师访谈两部分，访谈教师包括阳泉职业技术学院和山西交通职业技术学院的专职思想政治教师数十名，被调查学生包括从一年级到三年级的各专业学生，共发放问卷1000份，收回964份，有效问卷927份。其中男生614人，女生313人；年级分布为一年级582人（占62.8%），二年级205人（占22.1%），三年级140人（占15.1%）。学生问卷调查和教师访谈结果从教学设计、教学准备与实施和教学评价三个角度作如下陈述。

（一）教学设计现状

1. 教学目标的设定与选择

首先，教学大纲为高职德育课程规定了发展的方向。

高职德育课程的教学大纲规定了其教学目的，即培养社会主义“四有”新人。其教学内容主要涉及人生观、价值观、道德观、历史观和法制观五个方面的教育（简称五大观教育）。

同所访谈教师的观点一致，笔者也认为这样的教学目标的设定本身没有任何问题，规定了社会主义国家的青年应该具有的思想政治素质。但同时，笔者也存

在一些思考和困惑，包括高职学生在内的大学生是未来社会的主导建设力量，需要五大观的教育，而教育效果的好坏又会影响相关知识观念的深入性和有效性。本门课程为全国大学生统一制定通用的教材，高职高专学生无论在专业技能教育还是在培养目标设置上都有与其他普通大学生有不同的地方，用统一的教材难以保证相应的教学效果，难以体现其针对性。

诚然，“五大观教育”是每一个高职学生人生成长的必要过程，但是如果课程设置得过于理想化和理论化，脱离高职学生生活的实际，那么即使出发点再好，也很难为学生所接受，难以收到预期的教育效果。“四有”新人教学目标的设置，依然表现出强烈的理想特征，这是一种美好的期待，但是很容易脱离高职学生的生活现实，难以体现对学生的具体要求，目标过高或者过于模糊，反而会影响目标的实现。这也正是高职德育效果难以保证的一个原因。

其次，教师对德育课程的理解决定了其教学态度和授课方式。

在访谈中，教师们对于德育课程的设置持肯定态度，认为其是德育的重要组成部分，对于培养高职生的思想素质、政治素质和法律素质等方面有着重要的作用。有德育老师指出，德育课程的设置目的和作用在于帮助学生做“四有”新人，帮助其树立正确的人生观、价值观、爱情观。因为社会上存在错误的、模糊的、扭曲的观念，因此需要引导其树立正确的价值观念。政治课的重要作用，在于帮助学生树立一系列的正确观念，之后引导其行动，使其成为预期的理想的“四有”新人，从而塑造灵魂、塑造人。这种观点具有很强的代表性，而且这样的期待本身没有错，但总让人感觉依然具有浓重的理想色彩。现实的情况则是高职德育课程只有大一的思想道德修养与法律基础（以下简称“思修”）与大二的毛泽东思想和中国特色社会主义理论体系概论（以下简称“概论”）课，而由于高职的课程设置有其特殊性，学生在理论教学过程中要安排实训课程，因此，正常的理论教学难免中断，导致教学的连续性得不到保障。由此难免让人忧虑，这种情况下的教学目标本身又能在多大程度上得以实现呢?

与教师的期待相应，学生对于德育课程的开设也多是持欢迎态度的。尤其是思修课程对于大一年级学生适应新的学习生活的帮助和指导是十分必要的。此外，笔者所在的山西交通职业技术学院是一所工科院校，学生的人文功底十分薄弱，这样的德育课程有助于提升其人文素养，因此受到学生的欢迎。

2. 教材的选择

首先，教材编写的角度与选材范围。

如上所述，高职德育的课程有两门，教材为全国统编，适用于所有专业的本专科大学生，内容涉及理想信念、爱国主义、道德教育、人生价值、职业道德、法律法规、中国特色社会主义理论发展教育等。总体而言，教材的体系不错，紧跟时代发展脉搏，教师反响也不错，教材中所涉及的知识大多数都是人生的“营养”，需要学生用心领会其中的含义。这个教育目标本身没有错，但是选择什么样的教学方式达成目标却值得商榷。学生所处的社会环境在迅速变化，其思想也在变化，因此必须不断进行教学改革，以适应其变化。必须把社会主义道德的相应法则传授给学生，社会主义国家的政治教育是必然存在的，而如何准确高效地传达国家精神，则取决于教师的取舍与方式方法的选择。

与教师的乐观相左，学生对于这个问题的看法有着明显的差异，很多同学认为课程内容与其实际生活的联系不甚紧密，期待着德育课程能给予他们的大学生活更多的帮助。

与此同时，笔者也存在一些困惑，在如此短的时间之内，要传达如此庞杂的内容，而且这些内容与专业技能知识有所不同，是不能“速成”而只能“养成”的，这些知识无论是哪一部分，对于正在成长中的青年学生都具有非比寻常的意义，是人生的精神指引，容不得马虎应付。这么重要的知识仅仅依靠有限的课堂教育，是否能够达成预期目的呢？这些我们认为非常重要的知识在学生那里，又能在多大程度上被学生理解和接受呢？

其次，教师对教材内容的解读与处理。

同样的教材，不同的教师授课呈现出不同的效果，这与教师对教材内容的解读与处理的差异分不开。在笔者的调查中也表现出了这种差异，对于教材内容的设计及其与学生生活的关联这一问题，不同的教师呈现出不同的理解与处理方式，如有的老师认为德育课程的知识之间是并列的关系，学生在青年阶段需要的最基本、最重要的观念都可以包含在内，所有的内容都可以生活化；有的教师在讲的时候没有把内容具体到生活中，讲得很玄，与具体的生活联系较少；有的老师则认为只有部分内容可以生活化，部分理论知识还需要灌输，不建议生活化。不同的内容解读方式会促使教师做出不同的内容选择，也会直接影响授课的效果。

（二）教学准备与实施现状

1. 教师的备课

首先，备教材。

目前，高职院校的德育课程使用的教材均为国家通用教材，具有很强的系统性，其内容都已经经过千锤百炼，涉及学生成人成才的各个方面，对学生的成长不无裨益，但也因其理论性、概括性太强而导致高职学生看不懂、读不透现象大量存在。加之高职学生的学习特点又决定了其相对不太善于自主学习和自我管理，因此教师在备教材的过程中，不能照搬书本内容，需要对已有的教学内容进行二次加工，选择适合匹配高职学生认知水平的知识点，深入浅出地对其进行梳理和讲授，而且教师在此过程中还需要不断强调主动学习和培养学生良好的学习习惯。

其次，备学生。

教师对授课对象的了解程度会决定教师授课的效果，因此，备学生是教学实施的一个重要环节。高职德育课程作为大学生思想教育的重要一环，教师对学生的生活及思想状况的了解程度在很大程度上决定了教学的效果。教师只有深入了解了学生的生活、学习现状，才能对其思想和行为的偏差进行正确的引导，从而在备课之时有的放矢，从学生的生活问题出发，着力解决他们在生活中遇到的问题。

从对“您认为高职德育课教师是否了解您的生活、学习现状”问题的调查和教师访谈显示的结果来看，整体而言，教师对于学生的思想动态和生活、学习情况还是有一定的了解的，但是这种了解本身又具有一定的差异，因为教师本身的关注点并不一致，因此，对于学生的了解也各有侧重。但是几乎所有教师都有一个共同的特征，就是注重与学生的交流。有的教师会有目的性地针对课程要达到的目标，通过作业、和学生聊天或在课后通过微信、QQ 联络等方式来了解其思想状况，进而了解其生活状况，假设其思想是错的，那么生活肯定有问题。有的教师会通过班主任的经历来了解学生的情况，认为高职学生最缺乏的是自己主动学习的能力和持之以恒、坚持不懈地完成一件事情的意志力。高职院校学生基础知识较差，思考问题很难深入，比如说就业等，不能主动了解，不善于做规划。工科学校男生较多，人文素养较差，上课时要结合具体案例反复去说，比如说作业不能抄、怎么样通过作业让自己有所收获等，在上课时多为其推荐人文类的书籍和时事热点，引导其深入认识和发现一些问题，引发其思考。还有一部分教师则会充分利用现代化的媒介与学生交流，积极利用网络的便捷与学生进行沟通，了解他们的生活、学习状况。因此，可以说，教师只有充分、深入了解了学生的所思所想，才能更好地做到教学生活化。

2. 教学策略的选择

由于教学条件和课时的限制，几乎所有的教师都是采取讲授的教学方式，在讲授的过程中辅之以启发、交流、讨论、案例分析乃至课内实践活动来完成授课任务。不同的教师会在上述教学策略中做出不同的取舍，效果自然也有所不同。现实的情况显示，小班教学较大班教学的课堂纪律要好一些，教学效果也显著得多。由于各所高职院校条件的不尽相同，在目前的德育课程中大班教学和小班教学两种形式并存。但是不管是大班教学还是小班教学，教师都面临着一个新的挑战——网络。网络分散和吸引了学生的大部分注意力，因此，如何选择教学策略，也是影响德育课程效果的一个重要因素。在高职德育课程的教学策略选择中，笔者认为目前面临的最大困难或障碍来源于德育实践教学基地的严重短缺。这导致的直接后果就是学生的知、情、意、行四个学习阶段不能完整体现。因为相对于教师而言，学生的思想和行为可能会存在很多不成熟的表现。但是，学生能不能接受教师的观点或者在多大程度上接受教师的观点，直接决定着德育课程的效果如何，如果教师不能从学生的实际思想状况入手，不能关注他们真实的生活，做不到理论与实践相结合，而只是一味地从思想的高度去要求学生，教学过程充斥着理论的灌输，难免会陷入只有高度而没有效度的教学尴尬。

（三）教学评价现状

1. 评价方式的选择

高职德育课程作为所有高职学生必修的公共基础课程，评价方式也与专业课程大同小异，一律使用学分制和百分制，往往都是按照课时的分配，采取平时成绩加考试成绩的综合评价方式，给学生一个分数作为最终的成绩。但现实情况是，分数只能反映学生对本门课程的态度，并不能反映其真实的道德水平，因为德育课程对学生的影响是非常隐性的，学生的变化或者影响可能要在很久之后才会表现出来，我们不能根据一个学生的德育课程分数的高低来判断其道德水平的高低，因此，德育成绩如何引导学生未来的思想道德素养提升，这是一个值得所有高职德育工作者思考的问题。

2. 对评价方式的思考

在之前的德育课程评价中，考试分数在学生的最终成绩中所占的比例非常大，近年来，平时成绩的比重有所增加，但是仍然存在不少问题。比如学生在考试卷面中对特定问题的回答基本上都会表现得非常正面，但真实的情况也许并非如此，因为卷面考试难以反映学生的真实思想状况，也难以通过一个简单的理论题目对学生进行相应的道德评价。因此，应该加大对学生平时成绩的考核，并且在此过程中通过不同的维度来对学生的学习进行评价，学生的学习态度、学习方式、彼此之间的交流等方面的表现都应该成为评价的依据，只有把学生放到一个立体的空间中去观察，才可能得出相对客观的评价，这样的评价才可能对学生的现实发展产生有意义的影响。

笔者认为，用一个简单的分数来衡量学生的思想道德水平，这种评价方式本身就失之偏颇。人的思想、道德状况本身是非常复杂的，且是处于不断地发展变化中的，高职德育课程所授内容对于学生的影响，很多是隐形而长久的，是潜意识的，可能会在很久以后才会表现出来，所以不应该用一个简单的数字去衡量，它应该被赋予更多的意义。因此，在评价中，应该更加注重平时的考核，注重意识、观念和行为的养成。笔者收集到一位教师的感人故事：曾经有一个学生在大一听了“目标设置”一课之后，就为自己的大学生活和人生做了规划，在大学期间直到毕业工作，一直进展顺利，非常感念老师。毕业之后专门打电话给当初的授课老师，讲述自己的心路历程并对老师表示感谢，令人印象深刻。这位教师发出这样的感慨：“教师对学生的引导很多时候自身都难以做到，但是如果学生认同并持之以恒，或许会出现意想不到的效果。因此，观念的养成非常重要。”

此外，教师的主观评价也是影响学生评价结果的一个重要因素。在教学过程中，教师基于自身的学术背景与兴趣爱好，评价事物时难免会表现出自己的主观喜好。随之而来的是在与学生的交往过程中可能或多或少地出现“志同道合”或者“道不同不相为谋”的主观感受，而这些感受又多多少少会影响教师对学生的评价，导致评价结果并不那么客观。因此，在道德评价中，教师如何增加理性意识，用更为客观、公允的态度对待学生，也是一个值得思考的问题。

二、生活化视角下高职德育教学问题分析

（一）教学目标设计缺乏生活指向

高职德育课程的教学总体目标分为政治素质目标、思想素质目标、道德素质目标、法律素质目标和心理素质目标五大块，每个大目标下又有若干子目标。其教学任务则是通过相关课程的学习，帮助高职学生形成崇高的理想信念，弘扬伟大的爱国主义精神，确立正确的人生观和价值观，牢固树立社会主义荣辱观，培养良好的思想道德素质和法律素质，进一步提高分辨是非、善恶、美丑和加强自

我修养的能力，逐渐成长为社会主义的“四有”新人。① 这样的要求是一种美好的期待，但对于高职学生而言，更多的是一种理想的期待。众所周知，高职学生在入学之时处于高考分数榜的低端，他们在高中时代也并非老师眼中的“好学生”，很多同学在入学时可能都会带着一种黯然的心情走进高职校园。因此，在初始的教学阶段，如何树立高职学生对学习、自我和人生的自信以及开始新的人生规划，是需要慎重考虑的一件事情。我们在教学目标的设置上，往往把高职学生与普通大学本科学生的思想和心理状态放在同一个天平去考察，忽略了他们之间的差异性和独特性，忽略了高职学生的生活现实。由此，虽然我们对于高职学生存有很多美好的期待，但是事实上的教育效果往往失之千里。只有高处的教育目标定位而无具体的实施方向，不仅会导致教育资源的低效，进而造成其浪费，对学生而言，也难以达到预期的教育效果甚至引起其反感从而导致相反的教育效果，导致教育的失效。目标过高容易停留在口号阶段，难以在实践中深入；目标过大，就会导致人在努力的过程中模糊方向，难以按照预定的轨道前行。因此，在国家大方向的目标设置之下，高职院校应该有自己的具体的培养目标与方案。

虽然近年来，高职德育课程经历了一系列的改革，但是总体而言，在教学目标的设计上仍然存在着较为明显的理想化痕迹。根据党的十九大提出的“培养担当民族复兴大任的时代新人”的战略要求，大学生应该以有理想、有本领、有担当为根本要求，夯实综合素质基础，着力提升思想道德素质和法治素养，展现新的风貌、新的姿态，成为中国特色社会主义事业的合格建设者和可靠接班人，成为走在时代前列的奋进者、开拓者、奉献者。② 从理论上来讲，这样的要求没有任何问题，它代表了新时代党和国家对于青年一代的殷切期望，是广大青年努力成长的方向。但也正因为它的“大”（目标大）和“广”（涉及面广），具体到高职德育教学中，这样的目标就显得比较笼统，只能把其当作“总体目标”与“长远目标”，当作自己下一步工作的指导思想和行为准则。教师需要在上述目标之下再设置诸多子目标，对之加以很好的细化，如果做不到这一点而一味地按部就班、刻板教学，是很难收到良好的德育教学效果的。

（二）教学方法脱离生活实境

一般来说，高职德育的教学方法是多种多样的，例如启发式教学法、研讨式

---

① 资料来源：山西交通职业技术学院思想政治教研组编《高职德育课程教学大纲》。

② 本书编写组．思想道德修养与法律基础［M］．北京：高等教育出版社，2018：3.

教学法、案例式教学法、多媒体辅助教学法和实践教学法等。从理论上来讲，这几种方法对于本门课程的实施都有着巨大的帮助，可以从不同的视角为学生传授相应的知识，但实际情况并非如此。据笔者了解，目前高职院校的高职德育课程的授课大部分还是沿袭理论讲授的做法，做得好一些的老师也只是在授课过程中多一些案例教学，或者给予学生一节课或者几节课的时间做一些讨论，大部分的教学还是需要依靠理论的传授来完成。目前，虽然高职院校有很多实训基地，但都是为专业课准备的，很少有高职院校能够建立起自己的德育实践基地。

高职思想政治理论课作为高职学生的公共必修课，是培养素质全面、思想先进、道德高尚的社会主义劳动者的必要手段和有效途径，也是高职德育目标实现的主渠道、主阵地。但是目前，很多高职院校的思想政治理论课仍然停留在理论教学和单纯说教的阶段，笔者走访了几所高职院校，教师一致反映的共同问题就是教学方式的单一和教学条件的限制，具体表现为课程设置只有理论课而无实践课，纯理论教学很难达到理论与实际相结合；教学方式单一，一张嘴、一支笔、一块黑板、一个 PPT、一本教材、一间多媒体教室是老师上课的标配，口头说教与理论灌输为主要的授课方式；有的院校由于师资、场地等有限，仍然采取大班教学，导致学生课堂参与度很低，逃课成风，即便坐在教室里的学生也多数处于“身在曹营心在汉”的听课状态，思想游离于课堂之外；受教学条件限制，还有很多院校没有德育实践教学基地，实践课难以良好开展，更遑论好的教学效果。这样的教学难以激起学生学习的兴趣，不能对他们的生活困境做出指导，导致学生学得没劲，教师教得也没劲，“教”和“学”都是为了完成任务而进行，丧失了学习的快乐与教育的意义。

（三）教学评价忽视生活意义

“高职德育”课程的教学内容包括政治教育、思想教育、道德教育、法律教育和心理健康教育等五大块，每一部分内容又有诸多分支。在这几部分内容中，除了法律知识可以集中有限的时间传授给学生之外，其余内容的教学效果实现均有赖于学习的“循序渐进”而不是“囫囵吞枣”。但如此丰富庞杂的内容要在短时间之内教授给学生，就时间而言，已经尽显仓促，而体现学生学习效果的却只是一个简单的分数，教学评价难免流于形式而忽略内容本身被学生接受的程度。很多课程内容其实在授课中是大有发挥余地的，教师完全可以设计一些教学情境或者组织学生参加一些公益性质的活动，然后根据学生的表现对其进行评价。但是据笔者了解，由于条件所限，几乎所有的老师都是采取讲授或者讨论的处理方法，且没有相应的专门的评价。在这样的评价体系中，课堂教学即使设计得再好，也只是较好地完成了一次知识的传授，学生能接收多少就无从考量了，对于学生在现实生活中的指引也是非常有限的，并没有提升其生活的意义与价值。

虽然随着教学改革的日益深入，在课程评价的比例中，对学生平时成绩的考核在逐年加大，从以往的20%增加到40%、50%甚至更高，但现实的情况是，用一个既成的分数来衡量学生的政治素质、道德素质、思想素质和心理素质的成长，本身就非常单薄，因此，分数对于学生的正确评价意义也就难以体现。我们在对学生进行评价之时，很难说得分高的学生就一定比得分低的同学素质高或者觉悟高，而只能从卷面或者分数反映出该学生对于本门课程的学习态度而已。对此，教师群体也表示非常无奈，但在没有更好的解决办法出现之前，只能对于课堂表现较为积极优异的学生给予较好的分数，对于学生真实的道德水准和思想政治素质高低则无暇顾及。而学生在此过程中也会产生一些“唯分数论”的功利思想，为了分数而积极表现，实际上却知行脱节，经常会出现思想道德课拿高分的同学在现实生活中不能很好地践行道德要求的现象。

第三节　生活化视角下的高职德育问题归因分析

一、过于功利的高职教育价值取向阻碍课堂德育教学生活化

（一）“务实”的教育价值观弱化了德育效果

半个世纪以前，我国职业教育家黄炎培就明确提出全面职业教育的思想：既要培养职业智能，又要培养职业道德与服务精神……不但看重职业智能，还要养成他们适于这种生活的习惯……培养的学生不能“贫于能力而富于欲望”，重视谋职能力和创业精神的培养，这样的职业教育才能区别于改良艺徒教育。[①] 时至今日，这些话仍为金玉良言。随着我国社会主义市场经济体系的逐步建立和发展，功利主义和功利思想逐步开始蔓延，重效率轻效益、重速度轻素质的现象层出不穷。在市场经济和就业压力的驱动下，不少高等学府开始为迎合市场需求而转变传统的专业设置和教学方式。高职院校作为培养高级技术人才的专门机构，越来越表现出“务实”的教育思想价值倾向，只注重学生专业技能的发展而忽视其道德养成。学生也把学习重心放在专业能力的提升上，局限于狭窄的专业技

① 王炳照，等．简明中国教育史［M］．北京：北京师范大学出版社，2001：375.

能学习，花费大部分精力于未来就业的准备上，对于思想境界的提升、良好道德行为习惯的养成以及正确的世界观、人生观、价值观的树立则缺乏主动性思考。加之整个社会表现出务实的倾向，只注重学生的某些技能而忽视其综合素质的要求，也在一定程度上误导了学生和高职院校，使得高职院校成为“工匠”的“制造厂”。

高职教育定位于培养具有一定理论知识和实践能力的实用型、技能型人才。围绕着这个目标，高职教育凸现的是技能型、应用型、实践型、职业型教育，相较于本科教育，高职教育更加注重实训实习的教育，而理论教学的时间相对较短。在这么短的教学时间内对学生进行思想和道德的养成，是很难出效果的。但是问题的本质并不在于此，高职道德教育效果的薄弱在于高职教育理念理解上的诸多误区，思想道德教育属于人文教育的范畴，其效果体现在学生的日常言行和未来人生的发展中，很难立竿见影，也很难量化。在急功近利的教育大潮中，直接面向就业的高职教育的功利与实用思想表现得尤为明显，高职院校在某种程度上甚至成为特定职业的技能培训机构。一味强化了“职业”二字，忽视了其名称中更为重要的“教育”二字，忽视了教育在本质上是一种培养人的活动，是使个体人生更为完善和美满的一种手段。诸如此类的教育观念难免影响课堂德育的实施，导致其教学无法真正服务于学生的未来生活。

（二）教研部门对教师工作指导不足

对于负责全校课堂思想政治教育的职能部门，高职院校往往会有专门的机构设置，有的名为“基础部”，有的学校称为“社科部”“思政部”，名称各异，但是在高职院校中的作用和工作是相类似的。该职能部门又会针对不同的课程设置相应的教研小组，以便于对教师的工作进行统一的分配与管理。作为教师专业组织，教研小组应该在教师工作中发挥着重要的指导作用，但实际情况则不然，思政教育教研小组在高职院校中的教育角色是处于弱化地位的。据笔者了解，思政教育教研小组在现实的教学生活中的职能更多体现在分配教学任务这一内容，对教师工作的具体指导则寥寥无几，教研活动更是寥若晨星，仅仅是在学期初或者学期末碰个头，具体内容不外乎讨论该门课程如何考试或者如何评价之类的事情，很少涉及专业教学方面，更别提对教师教学生活化的指导了。

教研部门作为直接指导思政教育教师工作的职能部门，如果形同虚设、思想僵化，不能发挥其应有的作用、体现其应有的价值，那么其管辖之下的教师就很难统一教学思想，而更多表现为各自为政，守着自己的一亩三分地进行教学，效果好坏全凭个人的水平与努力。这样的职能部门指导下的教育教学工作很难体现出对生活的关注。

(三) 教师职后培训的缺乏阻碍了教育观念的更新

虽然思想政治教育课在高职院校的口号喊得都非常响亮，但实际情况是重视往往只停留于口号层面，实际的行动很少，在课程体系中的“弱势”地位仍然没有得到改变，其授课教师专业背景之复杂就是很好的证明。以笔者所在学院为例，思政教师的来源就有行政岗位、学生管理岗位、外聘教师等，专职教师只占思政教师总数的 1/3 左右。很多教师尤其是管理层普遍认为思想政治教育课程技术含量较低，人人均可胜任，因此，入行门槛极低。这在客观上造成了高职思政教育整体水平的参差不齐。

此外，与专业课教师相比，思政课教师参加培训的机会普遍很少，很多教师从业多年，外出培训和学习的机会十分有限，除了教材更新之时会有一些接触外界新鲜空气的机会之外，学院本身很少会为思政教育的教师提供外出进修的机会，在大力发展“双师型”教师的高职院校内，思政教师的职业前景堪忧。职后培训的缺乏，导致教师常年“吃老本”，只能通过有限的教学资料和个人兴趣来为教学增加新的内容，教育教学观念的更新难以实现，教学也成了无源之水、无本之木，效果自然难以体现。

(四) 刚性的教师评价体系限制了教师思维的拓展

教师评价作为教育教学的一种必要手段，对于教学的改进有着无可替代的作用，但同时，教师评价也是一把双刃剑，用得好会提高教师的工作积极性，用不好则会适得其反，阻碍教师教育智慧的发挥与运用。教师教学评价是促进高职德育顺利发展的一个重要组成部分。但是在现实中，不是所有的高职院校教师评价体系都是合理的。比如有的老师就曾质疑教师评价体系中的“学生评价”，对高职学生是否具备评价教师的能力和素质提出怀疑，认为单纯依靠学生评价难以体现出教师的真实教学水平，这样的评价体系容易束缚教师的教学才能，限制教师的思维拓展，影响教师的发展，最终会导致部分教师只能按照现有的体系来讲授，不敢越雷池一步，或者是迎合学生的需求，学生喜欢什么就讲什么，不求有功，但求无过。此外，思想教育应该是全体教师共同的责任，应该贯串学校教育的各个方面，但是在许多高职院校往往认为其只是思政教师应该做的事情，而在专业的训练中很少涉及。不过令人欣慰的是，课程思政作为一种新的思政教育方式，其重要性已经逐渐被认可并开始在高等教育中推行，希望能有助于改变思政教育所面临的困境。

二、教师对学生生活关注的差异导致不同的教学效果

（一）教师教育观念的差异

虽然同为高职德育课程的教师，教师之间的教育观和学生观差异相当大。据笔者了解，很多教师对于其授课对象——高职学生的文化水平和人文素质的层次的理解是不一致的。比如说，高职学生的高考分数比较低是公认的事实，对此，一部分教师认为高考分数不能代表学生的人文素质和道德发展水平，因此在授课时比较注重采用引导的教学方法；也有一部分教师用高考分数来衡量评价学生，形成“刻板印象”，认为高职学生的素质普遍较低，与本科学生的差距巨大，因此，需要强制和灌输的教育。而强制和灌输的方法如果不得当，就会脱离学生的生活实际从而导致学生的反感。一位教师这样指出：“学生出现思政课教学质量问题，六成责任在先生。”有的学生也认为：“思政课的作用大与否，关键在于老师，大学生思想复杂，有自己的主见，在有些方面不如所愿。所以老师必须有明确的目标，端正学生思想，这个工作虽然比较难，但一旦成功，效果非常明显。”不同的教育观和学生观指引下的教学效果自然会有差异。遗憾的是，笔者通过多种渠道的调查得知，在高职院校的课堂德育教学中，大部分教师仍然习惯性地采取灌输式教学，这在一定程度上体现了他们教育观念中存在的一些问题。

（二）教师教学水平的差异

由于知识储备的不同、专业技能的高低和教育观念的差异，教师之间的教学水平也存在着诸多差异。年轻教师授课经验相对不足，教学不够老练，但是有激情，也较容易关注和理解学生的生活，与学生在一些新的观念和知识方面较为容易沟通；老教师有着丰富的授课经验，对教材体系和内容的把握方面做得更好一些，系统性更强，但是时间久了，容易出现职业倦怠，对学生的关注和了解相对而言就弱一些。加之教师群体本身的专业背景来源广泛，据笔者了解就有中文、政治、教育、行政管理、历史、法学等，文科专业基本均有涉猎。专业领域的差异和诸多因素的作用之下，教师的教学水平自然会表现出明显的差异。

对上述问题，教师群体也有感触，一位教师指出思政课问题在于“教师知识储备陈旧，无论是课堂讲授还是多媒体教学，多是照本宣科。需要加强学习新知

识，完善知识体系；思想上不能放松，注意自身修养”。另一位教师则认为教师的问题在于“业务素质不高，需加强培训，深入提高个人理论知识水平。思想素质不高，需要提高个人思想道德修养，‘以德服人’”。而据笔者调查了解，有很多教师虽然在思想上意识到了这个问题，但是在行动中落实得很少，或者即使有所落实，也是偶尔为之，并没有经过系统的深入学习。

与此同时，某位学生对于教师教学水平的看法也颇具有代表性：“我认为大学中的老师，特别是思政课老师，必须具备两个要件：学识够深；年龄够大，越大越好。”也有学生认为高职德育课教师需要“从根本上端正态度，钻研学术，这样才不会出现学生逃课成风的现象”。学生的视角和表述有所不同，但是都表达了一种期待，希望教师能够不断地提高自身的学识修养和教学水平，真正地为他们的生活提供一些有价值的帮助。

三、学生主体意识的缺失影响生活化教学效果的实现

（一）缺乏学习动力和参与意识

由于刚从高中时代的苦读中解放出来，加之没有升学压力，在高职院校，大部分学生没有学习的动力，也就没有明确的学习目的。除了大三即将毕业的学生有危机感和紧迫感较强之外，低年级的学生对自己的学习往往没有明确的规划。总体来看，学生的学习状态可以分为三种类型：其一，不管什么课程都好好学习，目的是拿学分、拿奖学金，这类学生的比例较少；其二，只好好学习专业课，公共课打酱油，偶尔学之，这类学生比例较高，认为专业课重要，有助于就业，公共课不重要，应付一下就可以；其三，不管什么课程都不好好学，学习动力几乎没有，想着混到毕业就可以，这样的学生也不在少数。在就业的压力之下，很多学生开始为各种技能考试做准备，热衷于在各种考场和培训机构之间来回奔波。但是他们中的很多人对于自己真正想要什么、需要什么、应该如何去实现自己的人生目标，并没有经过认真、理性的思考，也没做过相应的规划，更多表现为一种对世俗价值要求的盲从。在这样的状况下，学生缺少学习参与意识，不会主动地去寻求知识，而更多地表现为随波逐流。

在笔者的问卷调查中，学生对于“您在德育课的表现”这一问题的回答中，只有25.2%的同学选择了“认真听讲并做笔记”，这说明只有少部分同学真正参与到课堂教学中，大部分的同学是游离于课堂之外的，学习欲望和参与意识较为缺乏。

（二）重专业培训而轻道德养成

高职学生正处于人生中的特殊时期，这个年龄阶段的学生本应表现出思维活跃、精力旺盛、批判力强、接受新知识快等特点，但是我们却发现高职院校的学生普遍缺乏学习激情，上课气氛沉闷，很少积极主动与老师互动交流。究其原因，有高职学生自身的因素，问卷调查结果显示有38.3%的学生认为学生在德育课堂上逃课的主要原因是“与专业关系不大”。这说明相当一部分学生还没有意识到德育课程所涉及的知识对自己人生的发展和完善的作用，出现重技能而轻思想的倾向。此外，教师的授课方式也会影响学生的学习主动性。调查结果显示，大部分的同学还是希望自己能够真正参与到课堂之中，主动获取知识，而不是被动地听教师照本宣科，希望教师的授课能够更多地关注学生的生活现实，而不是讲一些大而空泛的道理，空洞地说教。

（三）“知”与“行”的脱节

学生在课堂中的所学，最终要通过社会实践来体现，但是随着社会就业压力的增大，一些不良风气也渗入高职校园，这在一定程度上给学生带来了消极的影响，致使高职院校的学生普遍存在道德认知和道德行为脱节的现象。而道德规范从来都不是一个单纯的理论问题，道德只有和人的行为统一起来，才具有其社会意义和社会价值。部分高职学生认为德育课堂上的大道理对实际的生活是没有什么指导价值的，导致其缺乏积极的学习态度。我们的德育课程往往也只是强调满足对高职学生的社会期望而忽视其内心的真实需求，忽视了外因还得通过内因起作用这一基本的哲学道理。社会对学生的期望过高而现实世界又存在着残酷的竞争，导致理想与现实出现脱节和反差，这种脱节和反差使得学生对于教师和学校产生不信任感，从而失去积极的态度，忽视自身素养的提高。高职德育如果只有教师热火朝天的一厢情愿而无学生的积极参与与互动，不会达到良好的教学效果。

法国社会学家涂尔干曾经指出，我们不能僵硬地把道德教育的范围局限于教室中的课时：它不是某时某刻的事情，而是每时每刻的事情。[①] 同样，高职德育不是几节思想政治课就能起到预期效果的，而是需要贯串高职教育的始终，渗透于学生生活的各个方面。而目前高职德育课程恰恰局限于课堂教学的传授之中，

① 爱弥儿·涂尔干．道德教育［M］．陈光金，等，译．上海：上海人民出版社，2006：42.

想当然地认为学生只要拥有了一定的理论知识就会具备相应的品质，但实际情况并非如此，学生的“知”和“行”并不总是统一的，学生在学校接受了很多正面的道德教育，但是在社会的大课堂中又见到很多与学校教育相悖的社会现象，这就导致其迷茫和困惑，使得学生的道德认知与道德行为严重脱节现象屡见不鲜。现实情境的很多事例可以证明这一点，这在实际上也削弱了高职德育课程的效果，致使其虽然耗费了教师和学生大量的精力和时间，却并不能使二者都满意。

高职德育课程教学过程中的问题是多方面的，其原因也是多方面的，但是究其根本，教育与生活的脱节会导致道德教育缺乏必要的生活关注支持而难以承担相应的使命，因此，需要实现其生活化。

四、网络的迅速发展给德育教育带来了诸多挑战

目前的高职院校，学生上网率已达100%，尤其是智能手机普及之后，网络更是与学生的生活和学习息息相关，扮演着非常重要的角色，已经成为其日常生活不可或缺的一部分。学生进教室有智能手机，回宿舍有电脑，网络在其生活中已经和吃饭穿衣一样平常。在这样的环境和条件下生活的高职学生，已经很少会在回宿舍之后主动拿起一本书阅读，或者坐在教室里自觉把自己与手机隔离开来。有部分学生网瘾极大，尤其是网络游戏的诱惑力非常惊人，学生在课堂上只要一有时间就会玩网游，有的甚至逃课玩手机（尤其是男生）。他们听不到老师的苦口婆心，看不到同学的积极进步，只能感受到网络游戏带来的快感，学习一落千丈、生活一塌糊涂，到毕业时一无所知，状态堪忧。这也给德育工作增加了不少难度，老师的一节课比不上网络上的一篇文章、一段视频、一个游戏，德育工作陷于困境，处境尴尬。

在科技高度发达的现代社会，必须承认互联网是一本信息极其丰富的“百科全书”，它极大地拓展了青年学生的视野，给他们提供了更多的选择和体验的机会，特别是为他们提供了更加自由开放的表达自我情感的空间，给其学习、生活带来了极大的便利和乐趣。但其弊端也是显而易见的，互联网时代开放学习成为教育学习的主要途径之一，却也弱化了传统课堂教育的作用。此外，由于网络的隐蔽性特点与监管的不到位，很多不良信息在其中大行其道，影响甚至戕害着高职学生的心灵。大量专门为大学生“量身打造”的不良信息充斥网络，影响着其价值观与消费观，甚至让其负债累累，把自己的生活过得一团糟。比如说风靡一时的“校园贷”等平台，利用学生经济较为窘迫而物质需求较多、难以满足

的心理，诱惑其入“坑”，最后使得这些学生有家不能回，有学不能上，亲朋好友不敢联系，有的甚至不堪骚扰而选择轻生，还有前文提到的多种类型的网络失范行为……此类事件的频繁出现，都给高职德育带来了极大的挑战，无形中增加了德育的难度。因此，在网络时代，高职德育应该如何做才能体现时代特征、紧跟时代步伐、把握学生发展规律、不断创新、不断与时俱进以达育人之目的，这是一个值得深入思考和探究的问题。

第四节　高职德育教学生活化实践策略与保障研究

基于对生活化视角下高职德育课程教学的现状分析、问题检视及原因探析，笔者认为应该首先确立科学的德育目标。所谓高职院校德育目标，就是指一定社会对高职教育所要造就的社会个体在思想品德方面的质量和规格上的总的设想和规定，是预期的高职院校德育的效果，也是高职院校德育的任务。① 目标定，方向定，路径就确定。在此基础上，再从多个方面构建其教学生活化的实践策略。但是，教学问题是多方面问题的反映，也会受到周边因素的影响而呈现不同的效果。因此，为了确保高职德育课程教学生活化的实现，还必须建构多维度的保障措施。

一、高职德育目标系统建构

（一）基础目标：培养具有良好公德意识和行为习惯的人

前文多次提及，我国高职院校德育目标存在的一个很大的弊端就是片面重视理论教育，且要求过高、过急，忽视了基础道德教育，尤其是对学生的基础道德的养成教育重视不够，因此，高职院校德育在整体目标上存在着与学生的实际发展水平与发展需要相脱节的实践性不够的局限，严重影响了高职院校德育的实效。可以说，忽视基础道德要求或基础目标的设置是我国高职院校过去德育效果不尽如人意的重要原因。以此为鉴，我们理应充分尊重个体道德素质形成的规律和学生的道德发展水平与发展需要，注重从基础层次的道德要求抓起，设置科学的基础目标，避免培养出具有人格缺陷的学生。

在高职院校德育的基础目标选择上，对培育学生良好公德意识和行为习惯的

---

① 马长世，黄立营，等．整体构建高职院校德育工作体系［M］．北京：中国矿业大学出版社，2007：101.

高度重视，不会影响我国社会道德水平的整体提高。这是因为：第一，今天我国的道德现实之所以如此严峻，主要不是因为社会中缺乏对道德境界的崇高追求，而是因为许多人（包括高职院校学生）不能始终如一地履行一些最为基本的道德规范，缺乏应有的公德意识。现实生活中最为缺乏的并非惊天动地的“道德楷模”，而恰恰是能始终恪守基本道德规范的“平凡之辈”。一个社会成员的构成又是平凡人居多，因此其整体道德水平就决定了整个社会的道德水平。第二，即使从个人道德修养的角度出发，坚持不懈地履行一些最为基本的道德规范，养成良好的行为习惯，也会使人走向崇高的道德境界。《礼记·中庸》中提出：“道也者，不可须臾离也，可离非道也。是故君子戒慎乎其所不睹，恐惧乎其所不闻。莫见乎隐，莫显乎微。故君子慎其独也。”可见，品德高尚的人在没有人看见的地方也能谨慎为人处世，在没有人听见的地方也能有所戒惧和敬畏，严格要求自己，做到慎独自律。如果人人都能慎独自律，社会自然实现和谐。总之，我国现阶段的高职院校德育在基础目标的选择上，必须高度重视公德的培养问题，注重社会所必需的公德意识和行为习惯的养成。

（二）主导目标：培养合格的现代公民

现代的社会需要现代的公民，只有具备公民意识的人才能适应和促进现代社会的发展进步。所谓公民意识，是指作为现代社会生活主体应当具备的与现代民主政治、市场经济相适应的精神与价值观念。它是一个多元的结构，其内涵极为丰富，包括正确的权利与义务意识、平等意识、开放意识、全球意识、民主意识、法治意识、自由意识、价值意识以及合作意识、创造意识等，这些意识都是现代公民必须具备的素质。教育是指向未来的，我们培养出的学生只有具备了上述素质，将来步入社会之后才能成长为合格的公民，才能更好地适应未来的生存环境，从而发展得更为完善。

此外，从人生的价值角度来看，人生价值体现为个人价值与社会价值，而教育负有双重任务，一是造福个人，促成美好人生与美好生活；二是造福社会，追求社会福祉。培养合格的现代公民是实现教育个人价值与社会价值相统一的根本方式。因此，培养合格的现代公民应当成为高职院校德育的主导目标。

（三）核心目标：培养具有中华优秀民族精神的人

民族精神是一个民族在长期共同生活和社会实践中形成的，为本民族大多数成员所认同的价值取向、思维方式、道德规范、精神气质的总和，是一个民族赖以生存和发展的精神支柱。在5000多年的历史发展中，中华民族形成了以爱国主义为核心的民族精神。[①] 拿破仑曾说，人类最高的道德标准是什么？那就是爱国心。习近平总书记在纪念五四运动100周年讲话中也旗帜鲜明地提出号召“新时代中国青年要热爱伟大祖国”。他强调：“一个人不爱国，甚至欺骗祖国、背叛祖国，那在自己的国家、在世界上都是很丢脸的，也是没有立足之地的。对每一个中国人来说，爱国是本分，也是职责，是心之所系、情之所归。对新时代中国青年来说，热爱祖国是立身之本、成才之基。”[②] 因此，高职德育首先应该注重培养学生的爱国主义热情，让其成为高职学生努力学习、奋斗、创造的精神旗帜。

精神的力量从来都是强大而持久的。毛泽东曾经强调，“人是要有一点精神的”，我们要做“一个高尚的人、一个纯粹的人、一个有道德的人、一个脱离了低级趣味的人、一个有益于人民的人”[③]。习近平总书记也曾指出：“人无精神则不立，国无精神则不强。精神是一个民族赖以长久生存的灵魂，唯有精神上达到一定的高度，这个民族才能在历史的洪流中屹立不倒、奋勇向前。”[④] 由此可见，民族精神是一种激发人向上的动力源，是人类群体之间一种强大而具有普遍意义的凝聚力和向心力。在中华民族的发展历史上，除了爱国主义核心精神之外，自强不息精神、追求崇高的人格精神、改革创新的时代精神等也是中华民族精神的核心，它们是新时代凝聚中国力量的精神纽带，也是推进民族复兴伟业的精神动力，并且为大多数社会成员所信奉，具有推动社会发展的作用。因此，培养具有中华优秀民族精神的人理所当然应该成为高职德育的核心目标。

二、高职德育教学生活化的实践策略

（一）教育观念关注学生生活

长期以来，我们的教育是以教师为主、“以师为本”的教育，学生作为受教育者，被动地接受着来自成人世界的道德教化。虽然近年来随着新的人本主义教育理念影响的扩大，学生在教育教学中的主体地位逐渐得到认可和重视，但现实情况的改观不会那么迅速。在高职院校中，“以学生为本”的思想道德教育依然难以完全实现，教育观念脱离学生生活的现象仍然时有发生，仍需继续努力。

① 本书编写组．思想道德修养与法律基础［M］．北京：高等教育出版社，2018：48.
② 习近平．在纪念五四运动100周年大会上的讲话［M］．北京：人民出版社，2019：7.
③ 毛泽东．毛泽东选集［M］．北京：人民出版社，1991：660.
④ 习近平．习近平谈治国理政（第二卷）［M］．北京：外文出版社，2017：47－48.

作为一所学校，最根本的要素就是其中的学生，没有学生的发展就没有学校的发展，这是一个简单而朴素的道理。有什么样的教育观念，就有什么样的教育教学行为，道德教育作为人的精神活动，不能脱离学生的生活实际，生活是高职院校道德教育的本源。因此，高职德育要关注学生的生活，以学生为主体。学生是生活化道德教育的最重要的参与者，只有以学生的发展需求作为起点和归宿，才会有正确的教育价值观。而高职德育课程作为高职院校道德教育的主要途径之一，正是培养学生的“好品行”，为学生一生的发展提供精神营养的重要一环。

正如访谈中一位学生指出的那样，“先端正学生对思政的认识态度，从潜意识里转变对它们的错误认识，与生活结合起来。老师也应该重视思政课，注重上课的互动，真正让学生融入课堂中，而不是自己在上面讲，只要学生不说话就可以。对思政课的态度是长期形成的，必须一点一点开始改变，从思想上改变，而非从形式上改变”。作为高职德育课程教学实践的主要实施者，教师群体首先需要转变教育观念，树立新的学生观，真正从学生的生活现实出发去思考教学，树立生活化的教育教学观念，把对现实生活的关注带入课堂，引发学生的讨论与思索，从而对学生形成正确的引导。

（二）教学目标回归生活

首先，教学目标的设置要以高职学生为主体。高职德育教学目标的设计，要考虑学生的生活实际，要从重理想转变为重现实。心理学中有一个著名的“摘苹果理论”，意指渴望成功的人应该永远努力去摘取那些需要跳起来才能够得到的“苹果”。行为看似简单，却蕴含着深刻的哲理。借用到此处给我们的启示是教学目标的设置可以要求学生，但这种要求是学生经过努力之后可以达到的，而不是看似近在咫尺却遥远无比高不可攀的，让学生望而却步从而放弃努力。此外，德育课程是包括高职学生在内的所有大学生的必修课，课程教材也是全国统一教材，并无本专科之分。高职学生是一个独特的群体，他们有着大学生共有的特征，也有着高职学生独特的个性特征，需要教学目标具有较强的方向性。因此，需要任课教师在充分分析高职学生的特点的基础上以之为主体进行具体的教学目标的设置，把国家对大学生的统一要求与高职院校学生的现实情况结合起来，使二者统一于高职德育课堂。

其次，教学目标的设置要注重现实目标的实现。从古到今，道德教育一直在我国的教育体系中占据着重要的位置，我国自古以来的人才选拔标准都是德才兼备，德优于才。但是我们古代的教育是以培养“圣贤人”为目的的，带有浓厚的理想色彩，并且深刻影响着现代学校教育。理想的实现离不开现实行动的落实，如果没有现实行动的配合，理想最终会成为空想。因此，高职德育课程教学目标的设置不能脱离高职学生的生活，要充分考虑其现实情况和接受能力。比如山西交通职业技术学院在设计校园文化之时，就从学生生活的最小空间——宿舍入手，对学生进行系列的德育熏陶，取得了良好的效果。此外，教学目标的设置还要有助于完善学生人格。瞿葆奎先生曾经深刻指出："教育是以完善人格为目标的，只有人格，才是统一人的各种素质和能力的本质价值。"[①] 德育课程作为高职道德教育的重要阵地，对于高职学生人格的完善和养成具有无可替代的作用，如果实施得当，这种影响会伴随其一生，成为其人生的营养。

再次，德育目标的设立要以职业素养为核心。调查结果显示，在高校毕业生就业竞争日益激烈的今天，传统的度量指标如计算机水平、外语水平等已不是用人单位最为看重的素质，而之前不被重视的沟通能力、人际交往能力、爱岗敬业、团队合作能力等素质作为竞争的"软实力"成为衡量一名毕业生是否具有发展潜力的最重要指标。与职业技能相比较，用人单位更加注重毕业生是否具备相应的职业道德与素养，这才是他们更需要的。这种情况的出现基于一个共识：职业技能可以"速成"，但其他能力尤其是职业素养只能"养成"。在职场上，技能的短板可能会拖后工作进度，但人格的缺陷与道德的缺失会葬送一个团体乃至整个企业的前途。这就要求我们高职德育要以职业道德教育为核心，注重培养学生的职业素养，做到"德育为先、育人为首"，培养学生的敬业精神、增强服务观念，养成诚实守信、合作共赢的职业态度。

高职教育与普通学科教育的最大区别是其"职业性"，因此，在德育教学过程中应该关注学生良好职业习惯的培养。通过实践仿真教学，把学生置于真实的工作场景中，在提升学生技能的同时促使其养成良好的职业习惯，进而树立良好的职业形象。学生良好职业习惯的获得，除了明确岗位职责、完善工作方法外，还包括心态、时间、学习能力、行为等自我管理能力的提升，而这些都可以渗透到日常的高职德育教学中，以达潜移默化、润物无声之效。

最后，教学目标要在充分尊重和分析学生思想道德发展的年龄特征的基础上制定。此外，教学目标的设置还需具备一定的层次性，有一贯的思想指导，层层递进，循序渐进。

---

① 瞿葆奎，钟启泉．教育学文集·日本教育改革［M］．北京：人民教育出版社，1991：249.

（三）教学方法立足于生活

首先，注重养成教育。人民教育家陶行知先生曾经指出：“教育要通过生活才能发出力量而成为真正的教育。”① 道德教育更是如此。高德胜也说过：“道德不是谈资和可以旁观的事件，道德的学习不能在事不关己的讨论中、在冷眼旁观中进行。”② 学生良好道德品质的形成是一个漫长的过程，与其生长生活的环境密不可分，所谓“十年树木百年树人”，道德需要潜移默化、日久生成。因此，需要创设良好的课堂德育环境，使学生在不知不觉之中受到熏陶和感染。高职德育课程教师在课堂上为学生传授社会主义的道德法律规范和心理健康等相关知识，其意义不仅在于知识本身，还在于学生可以通过一些鲜活的生活案例得到启示，学到做人做事的道理。

其次，创设德育情境。苏联教育家苏霍姆林斯基曾说，道德准则，只有当它们被学生自己去追求、获得和亲自体验过的时候，只有当它们变成学生独立的个人信念的时候，才能真正成为学生的精神财富。同样，一个人只有在心灵世界具有与他人相类似的体验之时，才会在与别人发生相互关系时知晓自己的行动或态度，从而具有“共情”的能力。德育课程有着庞大的生活案例库，在讲到相关内容之时，教师可以就社会热点问题或者一些涉及道德选择的案例创设相应的德育情境，让学生通过情景的体验和与同伴的交互讨论进行道德体悟，从而引导其形成良好的道德思想与行为习惯。

再次，增加实践教学。所谓“读万卷书行万里路”，理论只有与实践相结合，才能发挥出强大的力量。道德教育离开了鲜活沸腾的生活，就好比鸟儿离开了蓝天，鱼儿离开了大海一样，是无法长久生存下去的。学生只有在生活中得到相应的体验，才会认识到这门课程所授内容对其生活的指导与帮助，才会主动去学。比如说，阳泉市狮脑山是当年名震中外的“百团大战”第一阶段的主战场之一，在抗日战争史上有着一席之地。教师在讲到中国近现代史和爱国主义时，即可组织学生参观百团大战纪念碑，并结合近年来中日关系的变化及相关领土争执等问题引导学生在新的历史时期树立正确的国家观和民族观等。此外，教师还可以在安排学生的社会实践活动时，考虑到不同个性的学生之间的特征，使之互相影响，互取所长、互补其短，从而共同进步。

---

① 陶行知．陶行知教育文选［M］．北京：教育科学出版社，1981：207.

② 高德胜．生活德育论［M］．北京：人民出版社，2005：97.

最后，引导学生正确对待网络。众所周知，思考是一种能力，尤其是在众声喧哗的互联网时代，海量的信息像浪潮一般向我们涌来。面对各种难辨真伪的事件和莫衷一是的讨论，我们时常迷失其中，甚至感到焦虑，置身于一个知识碎片化时代，被裹挟在不确定的情绪中，许多人的思考变得不再完整和深刻。高职三年是学生形成独立思考能力的重要时期，但对于网络已成为其生活中必不缺少的一部分的高职学生而言，网络在其生活中发挥学习功能的时间并不多，更多时候是作为打发时间的一种工具或者单纯地作为娱乐消遣而存在，对提高其思考能力并无多少益处。因此，需要教师积极行动，利用网络对学生进行正确的引导，把网络变成有益的学习资源库而不是仅仅用来消磨时间。

此外，在信息化时代，高职院校德育工作还可以运用技术对策，比如改进校园网、建立新型的德育网站、加强对网络行为的技术监控等，消除信息过度超量化与开放性控制不当带来的影响；运用教育对策，比如优化网络德育工作队伍、创建网络道德教育的全新模式、拓展网络道德教育的手段等，消除互动性带来的影响；运用伦理对策，比如加强网络道德教育、加大舆论监督的力度、强化网络自律意识等，消除过度虚拟性带来的影响。

（四）教学内容来源于生活

首先，内容要富有时代气息。我们所处的时代是一个变革频繁的时代，社会发展日新月异、一日千里，人们的生活方式、交往方式也在不断变化之中。新的社会变化需要拓宽道德教育的内容、体现丰富的时代气息。比方说合作意识、环保意识、全球意识、感恩意识、担当意识、网络道德意识等，这些内容都是学生在新的学习生涯乃至人生发展过程中具备的基本素质，体现了时代对个体的要求，是可以作为高职德育课程的教学内容来源的。比如说到促进人与自然的和谐这个问题之时，大到国家战略——“五位一体”、美丽中国、“绿水青山就是金山银山”的新发展理念，小到提倡环保塑料袋、节约水电等能源、不滥食野生动物等每个人都可以做到的事，都是论证此观点的绝好素材。还可以从山西作为煤炭大省，煤炭资源的利用与开发和与之带来的生态问题这一角度来论述上述问题，来自山西本省的学生在面对这个与其生活息息相关的问题之时也更容易有较深的体验与感悟。

其次，内容要富有生活气息。在人类早期社会，德育存在于生活之中，是为了生活并通过生活而进行的。随着专门化教育的出现，德育从现实的生活中分离出来，在学校中进行，而且德育课程门类不断增多，且都有其内在逻辑自成体系。学生德育课程的学习，不是仅仅为了掌握德育课程所安排的概念、规范和定义，而是为了更加深刻地理解世界和人类运行的法则从而找到自己行为的依据，因此德育课程的内容必须富有生活气息。生活本身是丰富多彩的，具有多样性的，也是处于不断的发展变化中的。教学内容的生活化，就是要不断地从生活本身出发去发现问题、寻找资源，以发生在学生身边的事作为教学的案例，组织学生讨论，引发学生思考，从而为学生提供良好的参照，进而解决学生的生活问题。正所谓“问渠那得清如许，为有源头活水来”。

（五）教学实践注重学生体验

首先，在德育情境中增加学生道德体验。苏霍姆林斯基说，没有情感，道德就会变成枯燥无味的空话，只能培养出伪君子。笔者很认同他的观点。创设德育情景，是为了让德育理论、推理、判断、思维等理论化的知识在现实生活中找到存在的根基与土壤，让学生通过模拟生活的冲突情境、问题情境、对话情境、道德叙事情境、生命叙事情境等，在切实的体验中反思、感悟、对话、探究，从而把外在的道德说教内化为自己的行为规范与做人原则，最终达成德育的知、情、意、行之统一。德育情境本身即社会事件在课堂的重现，道德体验过程也是解决问题的过程。在这个过程中，学生需要不断开动脑筋、寻求方法，直面生活中的矛盾与冲突，经过系列的权衡与思考才能做出最终判断与选择，如此，学生的学习也会自然而然地完成。与此同时，德育课程的情境性和欣赏性也会大大增强，更加吸引学生的注意力。

其次，在实践教学中增强学生的道德践履。在我国的德育传统中，道德践履一直是一个重要环节，不管前面经历了多么漫长的学习，最终都要落实到行动上，“行”是结果，也是评价。而理论联系实际也是我党的优良传统，更是提高高职学生思想素质的根本原则。在德育教学中，笔者发现，学生最感兴趣、投入时间精力最多的是活动课，而促进学生积极思考、感受最多的也是活动课，活动课充分展现了实践教学的魅力。因此，重新考量高职德育的教学方法，有必要增加实践教学之比重。纸上得来终觉浅，学生道德境界的提高，不能单纯依靠课堂教学的说教，而要引导学生积极投身到火热的社会实践中去，鼓励他们在实习过程中向一线劳动者学习、积极参与公益活动，培养其应有的社会责任感和道德素养，并能在实际的生活中进行道德践履。

（六）教学评价导向于生活

首先，注重评价的导向作用。目前，很多高职教师对于高职德育课的教学评价采取平时成绩和考试成绩相结合的方式，但是由于各种原因，评价效果十分有限，对此，很多教师感慨评价是一件十分困难的事情。笔者认为，教学评价的目的不是给予学生一个简单的分数，而是通过这种方式促进学生思想道德的发展，因此，成绩不应该成为学生学习的唯一目的，而应仅仅是其学习过程的一个总结。因此，教师在给予学生评价之时，应该更为注重评价所具有的对学生良好行为的激发功能而不是仅仅为评价而评价。

其次，多运用形成性评价。学生的思想道德发展不是一朝一夕可以完成的事情，仅凭课堂的表现，难以对学生的发展做出较为中肯的评价，因此，需要综合学生在理论学习与实践活动中的表现对其进行评价。学生的学习态度、心理发展、同伴关系的处理、对社会热点的关注程度等问题都可以成为教师观察和评价学生的切入点。教师可以创设一些教育情境，让学生参与其中，通过其思想和行为表现来观察其对人对事的态度，从而做出较为客观、公正的评价。

再次，强调评价的真实性和情境性。生活是德育的源泉，只有真实的生活情境才能引发真实的情感体验，高职学生良好品质的形成离不开他们对真实生活的认识、感受、理解和体悟。高职学生对现实生活的领悟能力、理解能力和创造能力的提升是高职教育想要达到的效果，也是评价高职教育是否有效的标准之一。在考试和评价中，应该重视学生在完成作业的过程中表现出来的运用知识解决实际问题的能力，把考试和评价的注意力转移到实质性的内容机制上来。学生只有对与其发生密切联系的学习内容与情境才会有主动的认知和学习，才会从真实的生活情境中学习经验、吸取教训，增长自身知识，提升相应智慧。

最后，鼓励学生评价中的合作行为。现代社会分工越来越细致，对个体的合作能力和沟通能力的要求也日益增高，高职学生如果想在激烈的人才竞争之中取得一席之地，良好的合作沟通能力必不可少。教师可以要求学生以小组合作的形式完成课堂或课后作业，并让小组成员在此过程中协调分工、交流探讨、互相监督、共同进步。此外，教师还可以让同一小组的学生对小组其他成员的参与表现进行评价，增加学生互评环节。如此，学生在此过程中的表现及其在解决问题过程中表现出来的成长和贡献也可以成为评价的依据。

此外，还应注重学生在解决问题过程中思维的成长。量化的评价只注重学生回答问题的结果是否正确，而对学生在解决问题中的思维过程并无关注，这显然不利于学生形成良好的思维品质，抹杀其对思维乐趣的深刻体验。因此，需要建立新的评价方式，通过收集资料、分析推理、沟通总结等过程来提升高职学生解决问题的能力。

总而言之，德育是带有浓重人文色彩的教育过程，因为“德”既存在于人的思想意识之中，又展示在人的日常言谈举止之中，所以德育评价应在动态过程中进行。较之组织一场普通的理论考试，建立科学有效的学生思想道德素质评价体系无疑是一项更为复杂的系统工程，其评价指标涉及学生的思想、信仰、态度、行为等，这些内容在测量评价中都需要定性或定量指标来实现指标的数量化，没有科学合理的指标体系和记录、统计、评核信息，就无法完成评价。所以，高职院校需要完善学生德育档案、完善学生评优评奖的监督机制，以动态的、客观的、多样的、积极的道德评价方式促进受教育者知与行的统一，增强德育的实效性。并且在此过程中，应加大德育实践的比例，让学生在德育实践中真正实现“知行合一”。

三、高职德育教学生活化的保障措施

（一）办学者要充分认识到高职德育课程的重要性

在新的时期，我国的教育方针和目标与过去相比有所变化和丰富，但“德育首位”的教育信念依然没有改变，党中央出台了一系列措施和文件强调了德育教育在高等教育中的重要性，习总书记在纪念五四运动 100 周年大会的讲话中也指出，新时代中国青年要锤炼品德修为。人无德不立，品德是为人之本。止于至善，是中华民族始终不变的人格追求。我们要建设的社会主义现代化强国，不仅要在物质上强，更要在精神上强。精神上强，才是更持久、更深沉、更有力量的。这都充分地说明从党和国家层面都非常重视青年人的“德”，因为它决定着未来中国的“德”。

但是现实情况却远非如此，许多高职院校依然把德育课程当成可有可无的教学任务来完成，务虚现象依然严重。在目前的高职院校中，普遍存在着这样的认识：第一，德育教学是“虚”的，只有专业课教学才是“实”的，因此在学校的教学体系中没有地位，常年遭受冷遇，也缺乏相应的实践基地。第二，对德育理论课的教学目标和意义认识不足，看不到其对学生成长的精神意义，也就不会对其有应有的重视。第三，认为德育理论课是肤浅的理论说教，是空洞的意识形态的灌输，看不到其在解决学生生活问题和帮助学生形成健康心态方面的实际作用。上述认识倾向的存在范围较广且在管理层普遍存在，其直接后果就是导致德育理论课程在高职教育中处于可有可无的位置，成为高职教育的“点缀”，具体表现为口号喊得非常响亮，但是行动少得可怜，漠视德育在学生成长中精神基础的作用，使得德育理论教育在高职教育中处于尴尬的边缘位置，得不到应有的尊重。

短期来看，高职学生只要在三年的学习过程中具备了一定的知识技能，就可能在未来的人才市场找到一份较为理想的工作。但是从长远的发展角度来讲，如果没有包括人文精神和相关理论知识在内的综合素质的培育，高职学生只能成为工具性的机械人，而很难成为真正的社会发展的推进者和促进者。对于高职生来说，专业知识是立事之基，只有懂得专业知识、掌握专业技能，才能更好地做事。人文教育为立人之本，只有拥有人文知识，领悟人文内涵，培育人文精神，才能更好地做人。人只有重视人文，领悟人文，融入人类社会，尊重人类社会，尊重人类尊严，才能合乎做人的基本规格。① 此外，从用人单位的角度来讲，现在的用人单位也越来越重视员工在专业技能之外的“做人”的素养。因此，只有专业教育和人文教育相互融合、相互促进、相得益彰，才是正确的高职教育之道。

要解决上述问题，需要办学者改变观念，认识到高职课堂德育的重要意义，认识到其在培养学生良好的道德素质和健康的心理素质方面的功能，正视其在高职学生培养过程中的基础作用。观念是行动的前提，只有教育观念的更新，才会有高职道德教育的春天。因此，首先，管理层需要树立“以人为本”的理念，在“立德树人”的教育基点上来看待高职德育，重视其在高职教育中的应有地位，并通过教育理念的更新和教育资源的分配来体现。在教学计划的制订和实施、教学人员的安排和教学内容的实施中充分考虑学生的实际，根据学生的专业特点和实际的学习状况来安排教学，每一门课程的安排都要有助于解决学生生活中的困惑，有针对性地开展教学。

（二）重视德育教师专业队伍建设

高职课堂德育教学生活化的实现，是一个渐进的过程，需要高职德育教师的参与实施，德育教师教学水平的高低，决定着高职德育的质量与水平。因此，要全面实现德育教学的生活化，首要的是造就一支具有渊博知识、丰富内涵、高超教学水平的教师队伍。现实的情况则是高职德育教师队伍教学负担过重，根本无暇关注教学生活化的实施。德育课程是所有专业大学生的必修课，多集中于大一

① 聂凌燕．高职院校人文素质教育探析［D］．济南：山东师范大学，2008：28.

时期，这么短的时间内完成如此庞杂知识体系的传授，需要非常集中的精力。此外，学校的专职德育教师数量比较少，教师们的教学任务都十分繁重。在笔者走访的两所学校中，小班教学只是部分现象，大部分的德育课程需要通过大班教学来实现，班容量最大时超过200名学生同时上课，课堂纪律难以保证，教学方式也很难创新，因为人太多，所以授课方式也较为单一。如果活动过多，一则场地受限，二则容易顾此失彼。课堂“低头族”普遍存在，学生的学习兴趣很难调动，教师在授课之余还要维持教学秩序，工作量非常大，经常两节课下来头脑发昏、疲惫不堪。据笔者了解，多数高职院校的德育教学都是采取大班授课，教学现状和样本学院相近。如此教学环境之下的教师是无暇去思考和实践教学生活化的，因此，需要重视德育教师队伍的专业建设。

加强高职德育教师队伍的专业建设，首先需要对德育教师的工作给予正确的评价。如前文所述，德育教师的工作量很大，但是这些付出在高职教师评价体系中难以体现。具体表现为：其一，德育课程与专业课程评价使用同一标准，但高职的课程评价标准多是为专业课程量身定做的，用其衡量重在“养成”的德育课程有失偏颇。其二，德育教师经常会因其非“专业”教师的身份而在职称评聘中机会较专业教师为少，影响其职业生涯发展。作为公共课的德育课程在重视职业技能培训的高职院校中处于弱势地位的现实，往往导致德育教师在评价体系中同样处于弱势地位，其付出很难得到正确的评价与相应的回报。因此，需要正确认识德育教师在高职教育中的努力和付出，给予其应得的评价。

其次，加强高职德育教师队伍的专业建设，还需要重视教师的职后培训。早在先秦时期，儒家经典《礼记·学记篇》就指出：“虽有嘉肴，弗食，不知其旨也；虽有至道，弗学，不知其善也。是故学然后知不足，教然后知困。知不足，然后能自反也；知困，然后能自强也。”这也是重要的教学原则“教学相长”的来源。对这段话的理解，按照原文，应该是专指教师而言，教中遇到困惑之处，才感到学识不足，更加努力进修、提高。[①] 只是在后来，人们因此而引申出“教”与“学”的深刻辩证关系是“学”因“教”而日进，“教”因“学”而益深。[②] 从古人先贤的智慧言语中，我们能感受到教师职后成长的重要性与必要性。而现实的情况则难如人意，因为对德育理论课程存在一定的偏见，认为其是学校的边缘点缀学科，不需要高深的学问，不少学校管理者对德育理论课程的教

---

① 王炳照，等. 简明中国教育史［M］. 北京：北京师范大学出版社，2001：65.

② 王炳照，等. 简明中国教育史［M］. 北京：北京师范大学出版社，2001：65.

师队伍建设不屑一顾，认为什么老师都可以上德育课，由此导致德育教师学科背景庞杂、入行门槛极低，也导致了德育课教师在高职教师群体中的弱势地位。课程建设和专业学科无法相提并论不说，师资队伍的建设也与专业教师相差甚远，教师很少有外出学习和进修的机会，与外界交流和提升自我的机会十分有限，只能依靠自身的努力来充实和更新知识。长此以往，教师的自我认同感普遍较低，职业自豪感也严重不足，工作积极性就难免会下降。因此，需要对德育教师的职业成长予以重视，给教师多一些外出学习和进修的机会，使其有机会呼吸外面的新鲜空气，调动教师专业建设的积极性和教学工作的积极性，使得德育教育的教学进入更好的发展轨道。

德育课程作为所有大学生的必修课，在高职教育体系中也是必不可少的一部分，是帮助高职学生树立正确的世界观、人生观、价值观的重要途径，体现了社会主义大学的本质。教师肩负着育人重任，率先垂范、言传身教，努力以良好的思想、道德、品质和人格给学生以潜移默化的影响，使学生在学习科学文化知识的过程中，能够自觉加强修养、提高觉悟、提升道德水平，从而完善人格。而人格的完善是需要个人终生努力的方向，也是个人最终获得成功和幸福的重要指标之一。因此，德育教师的工作是必要的，不是高职教育的点缀，更不是其累赘。

（三）丰富生活化教学资源

1. 挖掘地方文化素材

生活本身就是多姿多彩、内容丰富、异彩纷呈的，要想通过课堂教学提升学生的素养，首先需要开阔其视野、丰富其知识、给予其大量的案例刺激。高职德育教学的生活化，离不开其教学内容的生活化，丰富的现实生活可以为之提供无穷尽的素材，只要留心，生活中处处是教育素材，而这些素材都有育人价值。

文化是先于个体而存在的，任何人从他呱呱坠地之日起就被抛入了一个预设的文化世界，这个世界的价值和意义是先于其个人经验而存在的，是个体无法选择的。我国地域辽阔、民族众多，由此孕育了不同的地方文化，每一个特定地域走出来的人都会带有深深的地方文化烙印，这些文化记忆不应该被教育忽略。高职院校的学生大部分来自学院所在省级地域范围，毕业之后也会有很多同学选择留在家乡工作，与地方文化有着千丝万缕的联系，因此，在实施德育的过程中，挖掘地方文化的教育素材大有可为。

首先，教师可以以校本课程的开发为契机，从地方文化中寻找教育素材。德育的许多内容都可以从地方文化中寻找到相应的教育素材。比如，山西省作为文化大省，有“地上文物看山西、5000 年文明看山西”的美誉，从古至今名人辈出。讲到文化自信，唐诗宋词中的山西人可以给予学生丰富的知识；讲到职业道德与职业精神，清朝传承百年的晋商以及相应的晋商文化值得学生去了解与铭记；讲到革命精神的传承与发展，遍及三晋大地的红色根据地与纪念馆，串联起来就是一部中国近现代史……数不清的先辈英烈，道不完的丰富案例，都可以成为教师的教学素材。因此，学校应该给予老师实践教学的权力和机会，带领学生出去走走，寻找地方资源，打开学生眼界，发展其思维。这样的教育内容和教学方式有助于活化历史、联系当下、生动课堂，使学生置身于丰富鲜活的历史文化中，感受着过去、思考着现在、展望着未来，相应的教学效果肯定会比照本宣科好很多。

其次，教师可以通过国家教材的二次开发，实现地方文化与课堂教学的整合。目前，高职德育课程使用的是国家统一编排的教材，体现的是国家课程，但是国家课程更多地展示的是国家共享文化，与学生的现实生活联系较少，如果死板地按照统一教材来上课，就容易出现课程内容与学生生活脱节的现象。因此，教师在对教材进行二次开发的过程中应该体现地方色彩，在课程实施过程中应将地方文化资源作为教学素材，实现地方文化与课堂教学的整合，并且在此过程中完成国家教材对知识教育的要求。

2. 专业教育与思想教育相结合

大部分高职学生都有一个简单而明确的目的，那就是在高职院校学习一技之长，以便为将来的就业做准备。在就业竞争日益激烈的大环境下，高职院校也感受到了与学生同样的压力，即培养出来的学生能在多大范围内就业，能有多少学生找到合适的工作，这都成为以后招生的风向标。现实竞争的残酷使得很多高职院校有意无意地忽略了其最根本的育人功能而只注重专业教育，使得高职院校越来越像职业培训机构而不是一所大学。教育家杜威是反对狭隘的职业训练的，他要求职业训练与文化修养有机结合，使从业者乐业，并了解所从事职业的意义。[①] 因此，满足专业教育需求与丰富德育教学内容不是互不相干、各自为政的，而是可以有机统一于课堂教学中的。

首先，在专业教育中渗透思想教育。专业教育是为学生未来的生活所做的职业的准备，是学生谋生的技能准备，是学生生存的必要条件，理应受到重视。但

① 吴式颖．外国教育史教程［M］．北京：人民教育出版社，2006：516.

美国人本主义心理学家马斯洛的需要层次理论告诉我们一个事实：当人的生理、安全等基本的需要得到满足之后，精神层面的需要如归属与爱、尊重、自我实现等就会成为人的主要需要。在未来，当通过技能解决了生存的基本问题之后，精神的满足就会成为学生主导的追求。学生未来的生活并不是仅仅只有职业一部分，职业只是其生活的一种手段、一种体现。学生会不会、能不能经营好自己的生活，调节好生活中的各种矛盾，处理好各种关系，如何对待人生中的得与失，精神是否充实和愉快，自我价值能否有效实现，这些需求的满足程度最终会决定他的生活幸福程度，而与这些相关的知识却不是单纯的专业教育所能给予的。因此，需要在专业教育中渗透人文教育和思想教育。

其次，以思想教育促进专业成长。《中庸》曾这样论述治学求进的道理——“博学之、审问之、慎思之、明辨之、笃行之”，南宋理学大家朱熹也曾把这句话作为白鹿洞书院的学规之一。这句话历经千年，依然闪烁着智慧的光芒，揭示着深刻的道理：在学习的道路上，先博后专是必要的，只有视野开阔了，思维才可能深刻。德育教学理论课程好比机器猫的口袋，是思想的“百宝箱”。由于其建立在广博开阔的学科视野之上，因此可以为高职学生打开思维之窗，教会其多角度地看世界，增强其对生活的感受能力和体悟能力，增强他们应对生活困难的信心，而这些精神品质又有助于其专业学习的顺利进行，有助于其专业成长，铸就其职业精神，为其成为未来合格的职业从业者奠定良好的思想基础。因此，在教学过程中，把专业教育与思想教育相结合有助于理论联系实际，加深学生对所学内容的理解。

3. 增加专题讲座，开学生了解社会之窗

首先，增加时事专题讲座，让学生了解社会的发展变化、国家大政方针等时事变化，让学生对于未来要踏入的社会有一个初步的理性认识，加深学生对社会问题的关注与了解，并在此过程中明白社会的规则，懂得运用自己所学的知识维护自身的正当权益，明白人生天地间，自当肩负一定的社会责任和应当履行相应的社会义务。

把现实发生的国家大事和社会热点问题拿到课堂上讨论，能够给学生以深刻的印象，并且激发学生相应的情感，达到较好的教学效果。比如，通过地震、雪灾、疫情等突发事件，向学生传达中华民族的精神财富和优良传统，深切理解“守望相助”“多难兴邦”“唇齿相依”等精神的深刻含义；通过对国际政治形势风云变幻的深入分析，培养学生良好的爱国情感，增加其时代认同感，进而深刻理解人类命运共同体、“一带一路”等国家方案提出的重大意义；通过社会热点问题如老人摔倒了该不该扶、正当防卫与防卫过当如何界定、偶像应不应该为粉丝的行为买单等具体事件，在感受体验中培养高职学生良好的道德情感。

其次，增加心理健康专题讲座，帮助学生认识自己，为自己准确定位，助其形成良好、健康的心态，正确对待生活、学习、交往和就业等方面的问题与挑战，并且有信心面对生活的困难。学生只有首先成为身心健康的人，才有可能拥有幸福和快乐的人生。

再次，增加职业讲座，从学生所处的现实生活中寻找案例。把地方名人（比如劳模、企业家以及学院的优秀毕业生等）请到学校开坛授课、现身说法，让学生了解自身所处的地方有些什么样的人、都在干什么、为什么会成功等。也可以请高职行业领域里的成功人士做职业道德、职业方向方面的讲座，使学生可以对照现实的榜样，找到自己的差距和努力的方向。成功人士的现身说法比教师干巴巴地授课更生动、更具感染力、更易被学生接受，从而达到较为理想的教育效果。

美国教育家、非学校化运动的倡导者伊里奇指出，真正的教育应该是创造性的，依赖于对出乎意料的问题的惊奇，对事物的想象以及对生活本身的热爱。①而教育本身也是为了使受教育者更好地面对未来的生活。教育无小事，学生的一言一行、一举一动，都可以成为教育努力的方向，成功的教育不仅仅是为社会培养合格的劳动者，更应该为社会培养合格的、身心健全的公民，培养具有家国情怀的奋斗者。高职学习的三年，除了需要传授给学生谋生的技能之外，也需要让学生成为一个有社会责任感、勇于担当的人，成为一个不仅会创造生活也会享受生活的人，成为一个在生活中完善自我的人。正如习近平总书记说的那样：新时代中国青年要担当时代责任。时代呼唤担当，民族振兴是青年的责任。在实现中华民族伟大复兴的新征程上，应对重大挑战、抵御重大风险、克服重大阻力、解决重大矛盾，迫切需要迎难而上、挺身而出的担当精神。只要青年都勇挑重担、勇克难关、勇斗风险，中国特色社会主义就能充满活力、充满后劲、充满希望。② 因此，无论是出于教育本身的目的，还是着眼于学生的发展，都有必要提倡和实施高职德育课程教学的生活化。

---

① 全国十二所重点师范大学联合编写组．教育学基础［M］．北京：教育科学出版社，2009：8.

② 习近平．在纪念五四运动100周年大会上的讲话［EB/OL］．求是网，2019－04－30.

第四章

高职院校素质教育体系构建

一直以来，很喜欢一个小故事——《哲学家的最后一课》。

一位哲学家带着他的一群学生去漫游世界，10 年间，他们游历了所有的国家，拜访了所有有学问的人。回来之后，哲学家在郊外的一片草地上坐了下来，说："10 年游历，你们都已是饱学之士，现在学业就要结束了，我们上最后一课吧！"

弟子们围着哲学家坐了下来。哲学家问："现在我们坐在什么地方？"弟子们答："现在我们坐在旷野里。"哲学家又问："旷野里长着什么？"弟子们说："旷野里长满杂草。"

哲学家说："对，旷野里长满杂草，现在我想知道的是如何除掉这些杂草。"

一个弟子首先开口，说："老师，只要有铲子就够了。"哲学家点点头。

另一个弟子接着说："用火烧也是很好的一种办法。"哲学家微笑了一下，示意下一位。第三个弟子说："撒上石灰就会除掉所有的杂草。"

接着讲的是第四个弟子，说："斩草除根，只要把根挖出来就行了。"等弟子们讲完了，哲学家站起来说："课就上到这里了，你们回去后，按照各自的方法去除一片杂草，没除掉的，一年后，再来相聚。"

一年后，学生们都来了，不过原来相聚的地方已不再是杂草丛生，而是变成了一片长满谷子的庄稼地。弟子们围着谷地坐下，等待哲学家的到来，可是哲学家始终没有来。几十年后，哲学家去世，弟子们在整理他的言论时，私自在最后补了一章：要想除掉旷野里的杂草，方法只有一种，那就是在上面种上庄稼。同样，要想让一个人的灵魂免受纷扰，唯一的方法就是用美德去占据它。

……

这是一个很美的关于"教育"的故事，准确一点说，这个故事揭示了"德育”的真谛。笔者读大学期间无意中读到它，至今近 20 年，已在心里默默回味了上百次，每一次都会有不同的感受！

从理论上来说，德育是素质教育的一部分，在素质教育中发挥着主导作用，是素质教育的核心所在。这也是教育的根本任务“立德树人”的应有之义。但高职德育的成效究竟如何，还是要通过高职学生在学习、生活和工作中呈现出来的综合素质来体现，即他们的灵魂有多少被“美德”所占据？这些“美德”的存在，直接决定着高职学生个体的成长程度与生命高度，也检验着高职教育的质量。鉴于此，本书把高职学生素质教育的体系构建作为一个单独的篇章来研究，并结合山西交通职业技术学院的教育实践，构建适合高职学生的素质教育体系，以期通过高职素质教育这个“面”来审视高职德育这个“点”，从而真正促进高职德育的发展。

本章内容的体系构建基于山西交通职业技术学院承担的课题“高职学生素质教育体系实践与研究”① 的研究成果，研究中所涉及的高职素质教育具体案例均来自山西交通职业技术学院的教育实践。鉴于高职素质教育与德育内容有诸多内在联系，本章中有关素质教育内容体系构建部分叙述较多，其他部分作为保障内容不是本书研究的重点，故只略有涉及，着墨不深。

第一节　素质与素质教育

一、什么是素质

（一）素质的定义

关于素质的概念，有心理学和教育学上的不同解释，有广义和狭义之分。

1. 狭义的素质概念

狭义的素质概念是生理学和心理学意义上的素质概念。《教育大辞典》认为，狭义的素质是指个人先天具有的解剖生理特点，包括神经系统、感觉器官和运动器官的特点，其中脑的特点最为重要。它通过遗传获得，又称为遗传素质，亦称禀赋。

遗传素质是个体发展的自然前提，通过教育过程来改善遗传素质的可能性

① 山西省交通运输厅科研计划项目．负责人：张文才．编号：2005－01－28.

很小。因此，狭义的素质概念缺乏广泛的教育适应性，不是素质教育研究的重点。

2. 广义的素质概念

广义的素质概念是教育学意义上的素质概念，是指人在先天遗传素质的基础上，通过后天环境影响和教育训练而形成发展起来的相对稳定的、长期发挥作用的身心特征及品质结构，是制约人的活动方向、活动水平、活动质量的内在因素，是一个人从事某种活动必备的基础条件。本章研究的素质教育即以此广义概念为基点。

3. 素质概念的二重性

素质的概念具有二重性。一方面，它是“个体概念”，是指一个人在某方面所具有的素质，如身体素质、心理素质、思想素质、政治素质、道德素质、文化素质、科学素质、审美素质、业务素质等。借此，可对一个人某方面的内在品质和修养做出评价和把握；另一方面，它是“综合概念”，是指一个人的整体素质。借此，可对一个人的综合品质和综合修养做出评价和把握。

在素质教育过程中，当讨论学生的“文化素质”“道德素质”“专业素质”“技能素质”等时，用的是其个体概念；当强调对学生实施“素质教育”、提高学生的“素质水平”时，用的是其综合概念。国务院《关于深化教育改革全面推进素质教育的决定》中提到的素质教育，使用的也是其综合概念。

（二）素质的特点

素质具有以下 8 种基本特点。

1. 稳定性

人的素质是个体内在的和内化了的相对稳定的品质修养，一旦形成，就会在个体身上以较为稳固的方式长期存在。素质的稳定性特点，决定了素质教育的长期性和艰巨性，也揭示了素质形成的持续性和养成性。

2. 整体性

一个人所具有的各种素质要素之间并非是孤立存在的，而是相互依存、相互渗透、相互制约、相互促进的，共同融合为一个人的整体素质。一个人的素质表现，是多种品质修养有机融合后在实践中的具体呈现。

素质的整体性特点告诉我们，人的素质由多方面素质要素构成，是知识、能力、智力、情感等各种素养的有机融合。不能把素质简单理解为一种或几种品质修养，进而把它简化为一种或几种能力特长。要注意各素质要素之间的相互影响、相互制约、相互依赖、相互支撑、相互渗透和相互转化。在实施素质教育时要统筹兼顾、综合考虑，既要加强优势素质培养，也要注意劣势素质补缺，注重素质教育的整体设计、系统实施和重点突破。

3. 潜在性

素质是人的内在潜能，是人的品质、才干、行为、能力的内在源泉，实践活动则是人的素质内能外化的桥梁和通道。素质的潜在性特点，要求在素质教育中，必须注重对学生的学习、生活、交往、活动进行全方位的指导和训练，要让学生的内在思想、情感、品性通过具体的实践活动加以表露和呈现，以便准确把握学生素质状况，增强素质教育的针对性和有效性。

4. 内化性

素质是人在先天遗传因素的基础上，通过后天的生活环境和教育实践，不断感知、认知和体验，把外在的知识智慧能量内化为内在的品质修养而形成的。因此，外在的物质、能量、知识不能直接变成人的素质，外在的学历、资历、地位等也不能直接构成人的素质，甚至那些偶发的观念和行为也不能算作人的素质。只有各种外在因素经过人的自觉内化，变成人的身心结构、品质修养的有机组成，并能持久地对人的情感和行为发挥影响作用，才是素质。

素质的内化性特点，要求在素质教育中不仅要正面教育引导学生使其知道“应该怎样”，而且要鼓励学生独立思考明白“为何这样”，进而通过实践锻炼明晓“如何去做”，从而把知识转化为能力，把能力上升为素质，实现知识、能力、素质的内在统一。

5. 发展性

不同时代对社会成员的素质要求会有所不同。伴随着经济社会发展、科学技术进步、生活实践展开和自我修养提高，人的素质水平会不断发展和提升。素质发展是按照从量变到质变、从不完善到较完善、从不稳定到较稳定、从较低水平到较高水平渐进发展的规律，逐步扩展、深化和延伸的。

素质的发展性告诉我们，对学生实施素质教育，必须伴随着社会发展、生活演变、个人进步的步伐，按照循序渐进、渐次提升的原则，不断改进、完善和发展学生的内在品质和综合修养，促进学生的综合素质不断提升。

6. 群体性

人的素质既表现为个体素质，也表现为群体素质。一个国家、一个民族的文明水平，不仅体现在个体成员的素质水平上，也体现在国民和成员的群体素质水平上。同样，一所学校的教育水平不仅表现在学生的个体素质水平上，更体现在学生的群体素质水平上。个体素质水平是群体素质水平的基础，群体素质水平对个体素质水平又有着决定性的影响作用。

素质的群体性特点，要求在素质教育中，既要针对个体开展素质塑造，又要面向群体进行素质打造。学校素质教育既要针对学生个体进行个性设计，也要面向学生群体进行整体设计。此外，还应特别注意教育者自身素质的提升。

7. 层次性

人的素质存在个体差异性，不可能处在同一发展水平上。另外，不同人群的素质结构会因年龄阶段、教育层次、工作环境、专业领域等的不同而出现层次差异性。

素质的层次性特点，要求素质教育不能搞一刀切，对不同个体和群体，对各级各类学生，应区别对待，要有层次、内容和重点上的区别，不能单一化、同质化。同时，也要注意不同个体和群体素质教育的统一性和一致性。

8. 现实性

无论是个体素质还是群体素质，都是历史和实践的产物，跟人们的遗传性质、成长经历、生活环境、个性差异和受教育状况息息相关。因此，素质都是在具体环境和条件下形成的，具有现实性特点。素质的现实性特点要求素质教育必须从受教育者的素质状况出发，立足不同的素质教育环境和条件，具体选择和确定素质教育的目标、内容、方法和手段。

（三）素质的分类

从不同的角度出发，可对素质进行不同的分类。

1. 从素质形成的基础划分

（1）自然素质

自然素质是指一个人先天遗传的生理和心理素质。其中生理素质是指人体系统的状况，包括运动、消化、呼吸、泌尿、生殖、脉管、感觉、神经和内分泌等9类器官整合而成的人体生理组织结构状况以及相关的生理功能状况。

心理素质是指人生来就有的食欲、性欲、情绪、自我保护，以及感觉、知觉、注意、记忆、联想以至语言、思维等心理功能状况。科学证明，人的中枢神经系统不仅有无条件反射和条件反射的功能，在第一信号系统之上还有第二信号系统，人的大脑所特有的这种生理机制，是人的心理功能所具有的先天遗传成分。

自然素质是人先天遗传的素质，是人的社会素质和职业素质形成发展的物质基础、必要条件和出发点，在人的素质系统中属于初级层次的素质。

（2）社会素质

社会素质是指人在自然素质的基础上，通过后天学习教育、实践锻炼而形成的素质。主要包括思想道德素质、科学文化素质、身心健康素质、审美素质、情感素质和劳动技能素质等方面。

人在本质上是社会的和实践的，社会素质是人在社会生活实践中形成的素质，是人类特有的素质，在人的素质系统中属于高级层次的素质。

（3）职业素质

职业素质也称专业素质，是指人在自己所从事的职业和专业活动中，作为实践主体所表现出来的活动质量和水平。

职业素质主要表现为从事职业、专业活动所需要的专业知识和技能、职业道德、职业兴趣、职业审美、职业情感及职业适应能力，还包括与职业活动相关的思想政治素质和身心素质等。因此，不能把职业素质简单地理解成完成任务所需的专业知识和技能水平，那是片面的。职业素质是包含德、智、体、美、情、劳等多种素质要素在内的综合素质。

职业活动是人一生的主要实践活动，是人赢得生存保障、实现自我价值、实现社会价值的主渠道和主战场，正常的人都必须也必然从事一定的职业活动。职业素质是在职业活动中展现的素质，是在自然素质和社会素质的基础上发展形成的素质，因此在人的素质系统中居于最高层次。

上述各类素质的关系如图4－1所示。

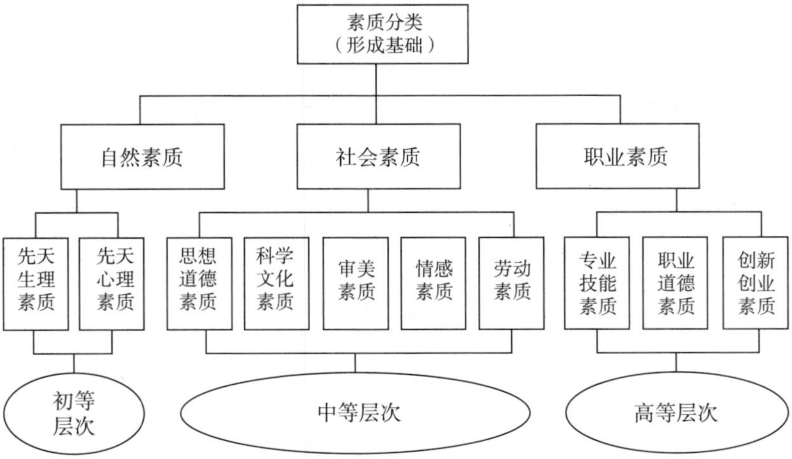

图4－1　不同素质之间的关系

2. 从素质构成的内容划分

（1）身体素质。是指人的生理方面的体质状况、体能状况、健康状况等。

（2）心理素质。是指人的认知、感知、记忆、想象、情感、意志、态度、个性特征（兴趣、能力、气质、性格、习惯）等方面的素质。

（3）思想素质。是指人的思想认识、思想觉悟、思想方法、价值观念等方面的素质。

（4）政治素质。是指人的政治立场、政治观点、政治信念、政治信仰、政治追求等方面的素质。

（5）道德素质。是指人的道德认识、道德情感、道德意志、道德行为、道德修养、组织纪律观念等方面的素质，涵盖社会公德、职业道德和家庭美德三个方面的道德修养。

（6）情感素质。是指人所具有的情感质量和水平，是人在生活中对人、对物、对环境、对事情的复杂心理体验和情感表达。

（7）文化素质。是指人在自然科学、社会科学、思维科学等方面所具有的科学知识、技术知识、文化知识、人文修养等方面的素质。

（8）劳技素质。是指人在劳动过程中所掌握的知识、理论、技能、工具、方法及工作本领和组织管理能力等。

（9）审美素质。是指人在审美活动中表现出的美感、审美意识、审美观念、审美情趣、审美能力等方面的素质。

（10）学习素质。是指人在学习活动中表现出来的学习习惯、学习方法、学习能力、信息处理能力、思考能力和学以致用能力等。

（11）创新素质。是指人的创新意识、创新精神、创新能力、创业意识、创业能力等。

二、什么是素质教育

（一）素质教育的内涵

中共中央国务院《关于深化教育改革全面推进素质教育的决定》（中发〔1999〕9 号）对素质教育做了三个方面的规定。

1. 实施素质教育，就是全面贯彻党的教育方针，以提高国民素质为根本宗旨，以培养学生的创新精神和实践能力为重点，造就“有理想、有道德、有文化、有纪律”的、德智体美等全面发展的社会主义事业建设者和接班人。

2. 全面推进素质教育，要面向现代化、面向世界、面向未来，使受教育者坚持学习科学文化与加强思想修养的统一，坚持学习书本知识与投身社会实践的统一，坚持实现自身价值与服务祖国人民的统一，坚持树立远大理想与进行艰苦奋斗的统一。

3. 全面推进素质教育，要坚持面向全体学生，为学生的全面发展创造相应的条件，依法保障适龄儿童和青少年学习的基本权利，尊重学生身心发展特点和教育规律，使学生生动活泼、积极主动地得到发展。

分析上述规定，可以看出我们国家目前倡导的素质教育的内涵要点主要有以下几个方面：

第一，遵循“一个方针”。素质教育要以党的教育方针为总指导。没有党的教育方针的全面贯彻，就没有素质教育。党的十八大报告提出：“全面贯彻党的教育方针，坚持教育为社会主义现代化建设服务、为人民服务，把立德、树人作为教育的根本任务，培养德智体美全面发展的社会主义建设者和接班人。”党的十九大报告进一步强调“要全面贯彻党的教育方针，落实立德树人根本任务”。这为新时期、新阶段实施素质教育指明了方向。

第二，围绕“一个宗旨”。素质教育要以国民素质提升为根本宗旨，不仅要为每个受教育者的健康成长、有效成才服务，更要为国家和民族的振兴与发展服务。要通过素质教育提高受教育者的综合素质，促进个人的全面发展；要通过素质教育提高国民整体素质，提升中华民族的文明水平和竞争力。

第三，凸显“一个根本”。素质教育要以立德树人为根本任务。“立德树人”回答了“培养什么样的人、怎样培养人”的问题，强调了“教书育人，育人为本；德智体美，德育为先”的育人之道，理顺了“要成才、先成人，要成人、先立德”的育人逻辑，体现了“君子务本，本立而道生”的方法追求，因而成为素质教育的根本。

第四，突出“两个重点”。创新精神和实践能力培养是素质教育的重点。创新精神和实践能力，既是个人走向成功的内在驱动力和必要条件，也是新时期适应中国特色社会主义现代化建设需求和中华民族伟大复兴需要的时代人才特点，因此成为素质教育的重点。

第五，坚持“三个面向”。素质教育要面向现代化、面向世界、面向未来。素质教育要立足传统，面向现代化，努力为社会主义现代化建设服务，培育“有理想、有道德、有文化、有纪律”的、“德智体美”全面发展的社会主义事业建设者和接班人；要立足中国，面向世界，培养具有人类情怀、世界眼光、大我胸襟的国际化人才；要立足当今，面向未来，培养具有终极关怀精神、主动把握未来的发展型、未来型人才。

第六，统筹“四个途径”。素质教育要坚持学习科学文化与加强思想修养的统一，坚持学习书本知识与投身社会实践的统一，坚持实现自身价值与服务祖国人民的统一，坚持树立远大理想与进行艰苦奋斗的统一。通过四个途径的实施，真正实现“知识、能力、素质”的相互转化和递进发展。

第七，体现“两个规律”。素质教育要遵循学生身心发展特点和教育教学规律的基本原则。素质教育要尊重学生的身心发展规律，要尊重教育教学发展规律。要循序渐进，有序推进，注重共性，把握个性，坚持分类教育和因材施教，注重学生主体作用发挥，促进学生全面发展和特长发展。

第八，贯串“三个方面”。素质教育要贯穿于家庭教育、学校教育和社会教育的各个方面和全部过程中，要实现家庭、学校、社会的有机配合，要面向全体国民，促进每个人的个性发展和综合素质提升，促进全体国民的整体素质提升。

综上所述，我们可以这样定义素质教育，就是从受教育者的素质基础出发，依据国家社会需要和个人发展需要，以全面提高受教育者基本素质为核心，以尊重受教育者个性、注重潜能开发、注重健全个性和健康人格形成为特征，以发展个体素质结构、扩展个体外在行为空间、促成个体在身体、心理、知识、能力、品格、行为、志趣、修养等方面平衡协调可持续发展为基本追求，以培养个性鲜明、特长突出、素质过硬、全面发展的社会主义事业的建设者和接班人为根本目标的教育。

（二）素质教育的特征

从性质上看，素质教育是素质本位的教育，是主体性教育，是发展性教育。在素质教育中，必须坚持以素质培养和素质提升为中心，以尊重受教育者的主体地位和发挥受教育者的主体作用为前提，以优化人的本质、促进个体和国民素质提升、促进国家和经济社会持续协调发展为宗旨。

1. 素质教育是素质本位的教育

在我国，素质教育是相对于应试教育而提出来的教育理念。我国高考恢复后，随着学生和家长对高考的重视程度越来越高，加上社会上的用人导向作用，我国的教育逐步走上了以应试教育为主要特征的发展道路。应试教育以知识为本位，以考试分数为指挥棒，掌握书本知识和应对考试成为教育教学的核心追求，教师和学生成了备考应考的工具，教师和学生的主体性无从体现，素质培养和素质发展难以实现，学生的人格健全、个性发展、特长发展、全面发展受到极大限制。素质教育就是要突破应试教育的局限，克服应试教育的弊端，把素质的形成、培养、发展作为教育的中心，把教育回归到人的生活和成长，回归到个人成才和社会发展的有机统一，以素质培养和提升来指导教育教学活动、检查教育教学活动、评价教育教学活动，真正实现素质本位的教育。

2. 素质教育是主体性的教育

（1）人的主体性特征

之所以说素质教育是主体性的教育，是由人的主体性特征决定的。主体性是人的本质特征，人的主体性内涵可以从主体意识、主体能力、主体人格、主体地位、主体作用和主体特性等方面加以揭示。主体意识是指人能够意识到自己的存在和生命活动，从而成为“有意识的类存在物”，让自己和动物区别开来。主体性决定了人不仅能够自觉意识到自己的主体地位和对客体的支配作用，而且能够“从自己出发”“从主体方面去理解”事物，并通过对客体的自觉改造实现“人化自然”；主体能力是人的本质力量的集中体现，是人通过自己的自觉活动来展现控制自己、支配自然的能力，使自己成为一种“自由自觉的存在”。没有主体能力支撑，人的主体地位和主体作用就无从保证；主体人格是人之为人的根本规定。马克思说：“人格就是人的规定性。”人格就是人之为人的资格，体现的是人类的共性特征。除了共性特征外，每个人都还有不同于他人的人格特点，这就是人的个性。无论是人格还是个性，都是人的主体性的体现。人格是人的主体性的共性表现，个性是人的主体性的个别表现。鲜明的个性总是与健全的人格相联系的，而个性鲜明、人格健全，则是精神健康的表现。

主体特征是指人作为实践和认识活动的主体，在实践和认识活动中表现出的自主性、能动性和创造性。其一，自主性是主体性的前提。只有自主才能自立，自主自立才能支配自己，支配自然，成为社会的主人、自然的主人和自己的主人，从而真正确立起主体地位，发挥出主体作用。其二，能动性是主体性的核心。毛泽东说："思想等等是主观的东西，做或行动是主观见之于客观的东西，都是人类特有的能动性。这种能动性，我们名之曰'自觉地能动性'，是人区别于动物的特点。"① 主观能动性与客观规律性是对立统一的关系，正确处理二者的关系，是正确发挥人的本质力量的关键。其三，创造性是主体性的基本特征。人是能够"创造出自己的唯一的动物"，又是能够一切都"由他自己去创造的"动物。创造性是人的根本特性。在劳动过程中不断有新的发现、新的发明、新的成就、新的发展，不断有所创造，这是人的劳动与动物的活动最根本的区别。自觉能动性是人的创造性的前提。

（2）主体性教育

研究主体性教育，首先要弄清"谁是主体"。从教育实践看，究竟学生是主体还是教师是主体？教育的重心究竟是以个人为本位还是以社会为本位？自古以来都是存在争论的。

早在古希腊时期，其两个典型城邦——雅典和斯巴达在教育上就存在着鲜明的差异：雅典的教育以培养自由和谐发展的人为重点，斯巴达教育则以强大的国家安全为中心。这两种典型的教育不断发展变化，逐渐形成了两种发展重心不同的教育模式：一种以培养人的和谐发展为主，注意培养完善的人格，以人为教育的中心，把人的个性发展放在第一位；一种以培养国家需要的人才为主，把国家和社会的需要视为教育的中心。之后在教育学的发展史上，也引起了一场关于教育目的应是"个人本位"还是"社会本位"的价值取向大讨论，持续了很长时间且影响深远。

上述两种教育模式时至今日仍然在不同国家和地区有着不同的影响：前者在当今的英美等西方国家较盛行，后者在当今的中国、俄罗斯和其他发展中国家广泛运用。但它们都并不是完美无瑕的，各有利弊，前者的极端容易导致个人至上、个人本位，后者的极端可能导致民族中心主义、国家本位主义。我国在很长

① 毛泽东．毛泽东选集（第2卷）[M]．北京：人民出版社，1991：477.

一段时间里教育实践走的是社会本位的路子，强调统一的教育目标、统一的大纲、统一的教材、统一的考核。随着时代发展和社会进步，我们总结经验，博采众长，逐渐提出和选择了素质教育。

从目前国家对素质教育的基本定位可以看出，我国倡导的素质教育，走的是“个人本位”和“社会本位”有机统一的“双本位”路径。我们追求的素质教育，既着眼于人的发展，又着眼于经济社会的发展，不仅要为人的个性发展、人格完善、健康成长、顺利成才创造条件，也要为国家发展、社会进步、社会和谐创造条件，既要利国也要利民，实现了二者的有机统一、相辅相成、相得益彰。在这里，社会环境是个人成长的必要条件，而个人发展则是社会进步的必备前提。抛开社会发展谈论个人发展，只能让个人发展成为纸上谈兵甚至走入歧途；绕开个人发展谈论社会发展，只能是缘木求鱼甚至造成危机。

那么在具体的教育实践活动中，究竟谁才应该是主体呢？笔者认为此问题不可一概而论。对参与教育教学活动的不同的当事人而言，他们在教育教学实践中承担着不同的责任，在不同的侧面都发挥着各自的主体作用。比如说，学生是学习活动的主体，教师是教学组织活动的主体。因此，教育教学活动实际上是多主体的活动，只要是教育教学活动的参与者，其在教育教学活动中的主体地位和主体作用就应该得到体现和发挥。换句话说，在教育教学过程中，学生、教师、决策者、管理者等的主体性作用都应该得到体现和发挥，所有的教育教学活动参与者，在教育教学活动中都应该发挥自己的影响作用，并实现自身的改变和成长。这与我们强调的“育人者先受教育”“教学相长”原则是一致的。

综上所述，素质教育是主体性教育，它要求在教育过程中充分发挥学生、教师、决策者、管理者、服务者等教育活动参与者的主体性作用，使教育活动的参与者都获得成长与进步。但这里需要强调的是，素质教育中必须突出学生的主体性地位和主体性作用，要以学生为中心，充分调动和发动学生，让学生成为学习和活动的主人，通过自发自动，充分发挥自身的主体性作用，把知识增加、能力增长、素质提升有机统一起来，真正促使学生实现个性发展、特长发展和全面发展。

3. 素质教育是发展性教育

素质教育不是以升学或就业作为自己的直接目标，而是立足未来，着眼于人的发展、社会的发展、经济文化的发展，着眼于人生各种发展机会的把握。素质教育作为一种以人为中心、以社会为基础的多本位教育，它不仅关注人的素质形成和发展，也关注经济社会发展和人类文明的进步；它不仅要促进人的素质提升、个性发展、人格完善、全面和谐发展，要优化人的本质，促进人的全面发展与个性发展，而且要促进个人发展与社会发展的统一。素质教育以学生的创新精神和实践能力培养为重点，造就有理想、有道德、有文化、有纪律的“四有”新人，促进学生德、智、体、美全面发展，为社会主义培养建设者和接班人。因此，素质教育是一种发展性教育。

作为发展性教育，素质教育要从受教育者的现有素质基础出发，按照个人发展和社会发展的需要，合理确定素质教育目标，科学规划素质教育方案，具体架构素质教育体系，有序推进素质教育实施。通过循序渐进、持续不懈的素质教育实施，有效推进受教育者的素质形成和素质提升，促进受教育者的个性完善和全面发展，进而促进国民素质的提升，推进经济社会发展。

4. 素质教育是全方位、全过程、全员化、全身心的教育

实施素质教育，必须从受教育者的素质基础出发，根据社会和个人发展需求，合理确定素质教育目标，整体营造素质教育氛围环境，系统构建素质教育运行机制（包括有效的导向机制、有力的制约机制、科学的评估机制、广泛的参与机制等），大力提升育人队伍素质水平，充分发挥受教育者的主体性作用，建立和形成全方位、全过程、全员化、全身心的素质教育格局，并循序渐进、持之以恒地实施推进，素质教育才能落到实处、见到实效。

全方位实施素质教育，是指素质教育要把学校教育、家庭教育、社会教育有机结合起来，在学校教育中要把教书育人、管理育人、服务育人、环境育人、文化育人等有效协同起来，努力营造素质教育的大环境，学生所处的所有环境、参与的所有活动、接触的所有人员，都会对其素质的形成和发展产生直接的影响作用，在这一过程中，学生的身心会受到全面的影响和变化。因此，学校的素质教育应该是全方位、全过程、全员化、全身心的，让学生随时随地都能感受到素质教育的浓郁氛围，每时每刻都能接受素质教育。

5. 素质教育强调人的个性的全面性和协调性发展

素质教育认为人的全面发展既包括人的各种潜能素质充分的发展，又包含人的对象性关系的全面生成和个人社会关系的高度丰富。

现实中的个体的人都具有各自的特殊性或者个性，素质教育不是要扼杀这种个性，而是要尊重它，并努力促成它的充分发展。个性是一个人的精神面貌和倾向性心理特征的总和，其结构是多层次、多侧面的，其心理特征构成是复杂的。

个性的结构层次有：①完成某种活动的潜在可能性特征，即能力；②心理活动的动力特征，即气质；③完成活动任务的态度和行为方式特征，即性格；④活动倾向特征，如动机、兴趣、爱好、理想、信念、需要、志趣等。个性既有独特性，又有综合性。个性发展是共性与个性的统一，因此，在素质教育中，既要重视个性的独特性发展，又要重视个性的全面性发展。

素质教育强调的人的全面发展，应是一些基本素质的全面发展。一个学生，无论他以后成为什么样的人，首先必须是一个公民，因此应具备一个现代公民的必要素质。这些素质是一个人能够正常地生存、正常地参与社会生活、充分地发展自己的能力、有尊严地生活和工作、不断完善和发展自我所必须具备的基本素质。它包括思想品德、科学文化、劳动技能、身心健康等方面的基本素质，它是一个合格公民必备的基本素质。这些基本素质构成了一个不宜分割的整体，成为一个人的基本精神状态和外在表现，在一个人的谈吐、购物、独处、交友、工作、生活等各种不同场合的活动中表现出来。一个人只有具备这种状态和达到这种水平，我们才能说他具备了一个现代公民应有的必要素质。

素质教育既承认人与人之间在基本素质上的相同或相近性，又强调人与人在个性素质上的差异性。一方面，素质教育就是从人的差异性出发，通过教育过程，使每个人在原有的基础上得到发展和完善，通过人的态度和价值观的变化，形成一种自我激励与约束的内在机制。素质教育必须最后落实到每一个学生身上，每一个学生都是素质的承担者与体现者。每个学生作为活生生的主体，既有自身的素质潜能，又有发挥素质潜能的强烈欲望，因此，素质教育中必须充分关注学生的不同个性和素质潜能，发挥学生的主体作用，调动学生的主体积极性，努力做到因材施教和因势利导，有效挖掘和发展学生的个性。另一方面，素质教育又是一种促使人全面发展的教育。人的一生都处于不断发展中，人生过程就是为自我生存、为适应自然和社会要求而不断调整、发展、完善自己的过程。从社会历史发展看，社会发展取决于人的发展，人的发展又取决于自由个性的发展，取决于各种能力的全面发展。人的个性综合素质为人的全面发展奠定了基础，人的全面发展又对个性素质提出了更高的要求。无论是人的个性素质发展还是各种能力的全面发展，最有效的途径就是教育。教育的根本功能就在于培养提高人的素质、促进人的全面发展。因此，素质教育不仅要求学生掌握基础知识和基本技能，而且要让学生学会学习、学会做事、学会做人、学会生活，要让学生拥有健康的体魄，同时实现在道德、审美、价值观、情感态度等方面的全面发展。

在素质教育中，每一个教育参与者都要接受教育，都要得到发展，包括教育组织者、施行者和受教育者。首先，受教育者能够得到发展。通过素质教育，受教育者能够不断突破自身局限，发挥自身潜能，提升自身素质修养，实现自身的发展。其次，素质教育的组织者、施行者也能得到发展。在学校，无论是教师，还是管理人员、服务人员，都是教书育人、管理育人、服务育人的实施者，都承担着对学生实施素质教育的职责。在履行素质教育职责的时候，“育人者先受教育”，参与素质教育的教师、管理人员、服务人员自身必须理解素质教育思想，确立素质教育理念，并言传身教，率先垂范，注意让自己的言行举止符合素质要求。这样，让自己在帮助受教育者发展的同时，也能实现自我素质的提升和发展。

6. 素质教育是优化人的本质的教育

人的本质是人之为人的根据。人的本质是一个开放的内容丰富的系统，主要由人的自然、社会、文化本质构成。

人的自然本质。人是自然的一部分，人的生存发展也要依靠自然界的能量支持，自然本质是人之为人的第一根据，是人的本质系统的底层，是其他本质存在的前提。

人的社会本质。人在生存发展的过程中，要不断对周围世界进行劳动改造，从而获得生存和发展之本。在劳动过程中，人不断实现自身的进化和发展，不仅发生了人与自然的关系，也发生了人与人的关系，并形成了社会关系，使人具有了社会属性。马克思说：“人的本质并不是单个人所固有的抽象物，在其现实性上，它是一切社会关系的总和。”① 这一论断，在人类历史上第一次科学地说明了人的本质，也告诉了我们社会本质才是人区别于动物的根本属性。

人的文化本质。人在劳动过程中，通过劳动让自然界发生符合人的需要的改变，实现“自然的人化”，让人化的自然成为“人的本质力量”的显现，由此开启了文化世界的大门，让人类具有了文化的本质。实质上，文化就是人化，文化的本质就是人的本质。人在创造文化的过程中，也创造了自己的文化心理品质。人的文化性和人的社会性一样，都是人不可缺少的本质。文化本质会对人的思维方式、生活方式、行为方式、工作方式产生决定性的影响。

人的本质的形成和优化，是以人的素质积淀和升华为基础的，素质教育是优化人的本质的根本途径和有效手段，人的本质系统与人的素质系统是相适应的。

---

① 中共中央马克思恩格斯列宁斯大林著作编译局．马克思恩格斯文集（第一卷）［M］．北京：人民出版社，2009：501.

按照黄楠森等人主编的《人学词典》的“人口素质”的解释：“身体素质”主要指人的大脑的发育状况与维持水平，主要衡量指标有人口的平均身高、体重、患病率、痴呆、低能人的比例、死亡率、平均预期寿命等。它是考察人的自然本质的根据，说明人的自然本质的理由。人的思想、政治、道德、情感、意志、科学文化、态度、劳动技能等各种素质，分别构成考察和说明人的社会本质、文化本质和主体性水平，是提高国民素质、优化民族本质的有效途径。素质教育就是要通过提高人的基本素质，来优化人的自然本质、社会本质、文化本质，提升人的主体性地位，促进人的全面发展和社会进步。

（三）素质教育的理念

理念是行动的先导，教育理念是教育实践的先导。实施素质教育，首先要树立正确的素质教育理念，其次要在正确的素质教育理念指导下开展行之有效的素质教育实践。

素质教育是我国改革开放 40 多年来在教育领域提出的最新教育理念，是一种体现教育宗旨、反映时代精神、满足社会发展和人的发展需要的、先进的、科学的教育理念。

1. 素质教育不仅是一种教育思想和教育理念，也是一种教育实践、教育方法和教育模式

目前，大多数人对素质教育的理解仅仅停留在概念探讨上，仅仅把素质教育看作一种教育思想和教育理念，而没有进一步将之看作一种教育目标、教育实践、教育手段、教育方法和教育模式，面对素质教育表现出一种纸上谈兵、坐而论道的现象，使素质教育浮于理念与口号层面，“素质教育”喊得震天动地，“应试教育”搞得扎扎实实，或者打着“素质教育”的幌子，大行“应试教育”之实。许多学校和教育者没有把素质教育理念转化为素质教育实践，转变为教育教学方法，名义上重视学生综合素质的培养，实际上满足于照本宣科式的知识灌输和概念推论，固化了学生思维，扼杀了学生个性，把教学搞成了两张皮，把“知识、能力、素质”变成了互不搭界的“孤岛”。因此，必须树立“素质教育既是教育思想和教育理念，更是教育实践和教育方法”的理念，用素质教育的理念审视教育教学活动，指导教育教学改革，促进教育教学创新，把素质教育过程变成创新教育模式并通过新的教育模式培养高素质人才的过程。

2. 素质教育改革不仅是一种教育教学的改革，也是一种教育教学管理和教育教学评价的改革

高职实施素质教育，必须改变现有的高职人才培养模式，进行高职教育教学改革，围绕高职学生素质培养和素质发展，优化高职教育管理流程，改组课程体系和课程内容，实现高职教育的整体性、灵活性、可选性、发展性，给学生以更大的学习选择和自由发展空间，促使高职学生素质全面和谐发展。高职院校要通过各种教育让学生把各科知识内化为自身的品质、人格和修养，使学生能从思考中确立自我，从生活中体验自主，从计划中把握锻炼，从挫折中体味成熟，从学习中赢得价值，从实践中增长才干，从追求中获得成长。

在高职教育管理中，要立足学生素质培养和素质发展这个中心，抓住教育教学质量提高这个关键，把握好“知识、能力、素质”的结合点，以科学知识掌握为基础，以做事创业能力增长为核心，以综合素质提升为目标，充分发挥学生的主体作用和教师的主导作用，将理论学习、技能培养、实践锻炼、资格认证等教学环节结合起来，将知识掌握、技能形成、能力提高、品行打造、志趣提升、创新发展等教育目标统合起来，在传授知识、训练技能的同时，教学生学会学习、学会思考、学会做事、学会做人、学会创新、学会发展，自觉追求自我完善，追求与人类、与世界、与自然、与社会的和谐发展，从而培养出具有创新意识和创新能力、具有前瞻性和复合型特点、全面发展和个性突出相结合的高素质技术技能型人才。为此，要对教育教学管理、教育教学实践、教育教学方法、教育教学评价等进行全方位思考、整体性设计和深层次改革，使之能够真正符合素质教育的要求、体现素质教育的特点、凸显素质教育的功效，真正服从和服务于素质教育的开展。

3. 素质教育是“人才”教育，而不是“通才”“全才”教育

现在，大多数学校追求的“素质教育”实际上都是“通才教育”，把培养“全才”作为素质教育的基本追求。实际上，现代社会发展赋予高等教育更多的是培养人才的品质、思维、生活方式、工作态度、志向追求等方面的教育使命，素质教育的真正宗旨应是造就基本素质全面发展和个性特长突出发展的人才，而不是无所不能的“全才”。这种理念如不澄清，高校素质教育势必会走入歧途。

此外，还需注意，素质教育是一种终身教育，而不是一蹴而就的阶段性教育；素质教育是一种循序发展、渐次提高的教育，而不是随意设定目标、揠苗助长式的教育；素质教育是一种主体性教育，而不是灌输式、填鸭式教育。

（四）素质教育的模式

一定的理念总要通过一定的实践来体现，一定的实践总要表现为一定的模式，这种模式在一定时期和一定条件下具有相对稳定性。因此，素质教育的实施一定要有与素质教育理念相一致的适当的素质教育模式。

《中共中央国务院关于深化教育改革全面推进素质教育的决定》中指出："实施素质教育应贯穿于幼儿教育、中小学教育、职业教育、成人教育、高等教育等各级各类教育。"不同层次和类别的教育在素质培养目标上各不相同，素质教育内容上各不相同，在素质教育模式上自然也会有所不同。

每一类教育都有与本类教育相适应的素质教育的一般模式。但这种一般模式不是什么一成不变、普遍适用的"万能模式"，它只能给同级同类学校的素质教育提供一般性指导和借鉴，而不能提供具体指导和个性实践。同级同类教育中的不同学校，必须从各自的办学传统、文化传统、办学环境、办学条件、学生特点、师资队伍特点、学科专业特点和人才目标特点出发，合理选择和确定自己的素质教育模式，开展具有本校特色的素质教育实践，这样才能保证自己的素质教育行之有效地开展。

（五）素质教育与传统教育、应试教育的关系

1. 再论应试教育

（1）发展简述

应试教育是这些年来在我国长期施行并在改革开放以后达到登峰造极程度的一种教育模式，是指脱离社会发展和人的发展的实际需要，以应付考试和为高一级学校输送新生为目的的一种传统教育模式。其本质在于片面强调知识灌输，忽视学生身心全面和谐发展，以教育短期效应为主要选择的教育模式。其主要特点是以应对考试为主要目的，以必考学科为主要目标，升学要考什么学校就教什么，不考的课不开或少开。升学有希望的学生就教，没希望的学生就不教或少教；以考试内容反复教学为主要手段，以反复灌输为主要方法，以考试分数确定教学质量，以考试效果好坏来论功行赏，这是对我国长期以来存在的单纯以应考升学为目的的种种教育方式的概括。

我国以升学为中心的应试教育最早可以追溯到科举制度。从隋朝开始，封建统治者实行了"科举取士"的制度改革。科举制度对于统一选官标准、广开寒门子弟入仕之路、促进封建教育发展，起了积极作用。但是，这一沿用了1300

多年之久的制度也使学校教育逐渐成为科举的预备和附庸，学校教育也被拉上应试、做官教育的轨道，古代“学而优则仕”的思想被进一步确立和实践。直至今天，我国的教育特别是中小学教育仍未彻底摆脱这一轨道，在一定程度上，应试、升学教育思想仍然左右着我们学校的办学方向，主宰着我们的教育实践。

总的来看，应试教育是时代产物，与“读书无用论”相比是一大进步。但应试教育是一种低效益、受局限的教育方式，因为很多有益于人的成长成才的知识不教，无论投入多少，产出基本确定，主要只教了一部分学生，而且这部分学生从整体来看，普遍存在“高分低能”现象。

（2）应试教育人才培养模式的不足

第一，学生只学到一部分知识即书本知识，即使书本错了，学生也很少去纠正，不能适应孩子的个性发展要求，不断毁灭着绝大多数孩子的个性和自信，导致孩子厌学现象普遍，不利于学生德、智、体、美全面发展。

第二，把人们引导到只关心考试分数和升学率上来，不注重学生的身心和谐发展和能力培养，更谈不上为经济社会发展服务。公司、企业、用人单位对当代大学生的普遍印象是工作不踏实，缺乏实干精神，团队合作意识差，缺乏挑战精神和创新意识。

第三，只注重少数升学有望的尖子生，忽视对大多数学生的关注和培养。

第四，把学校、校长、教师的精力和时间都集中到应对考试上，没有时间和精力学习政治理论、教育科学理论和各种知识，不能进行教学经验总结和教学改革实验，严重影响了学校的发展，阻碍了教师的成长，也影响了教育教学的改革和质量提升。

第五，热衷于教育的短期行为，缺乏面向世界、面向未来的战略思想和对学生终身负责的责任感。教师搞题海战术，学生课业负担沉重，心理压力过大。

第六，评价学生标准单一，只看成绩不看思想道德、身心健康和其他方面表现，造就了很多高分低能的学生。

第七，教学中只注重学生应考能力的培养，教学缺乏深度和广度。

第八，专注于应考，用教师的能力代替了学生的能力，不能真正提高学生的能力。

第九，促使社会只重视普通教育，忽视职业教育和特长发展。

第十，偏重死记硬背和机械应用，干扰了学生的灵活思维和创新思维，影响了学生人格和性格的形成。

（3）应试教育的弊端

第一，教育观念的封闭性。不重视人的全面发展，思维方式呈现封闭性、保守性。

第二，教育目标的片面性。以分数为标准，以升学为目的，偏重智育，忽视德、体、美等方面的教育培养，教育目标是片面的、狭窄的。

第三，教育功能的偏颇性。应试教育忽略了经济、政治、社会发展对人的发展的内在需求以及人的素质发展的实际规律，其根本价值理念是“少数人成材”，而这些少数人也存在“高分低能”的严重倾向。应试教育是一种选拔、淘汰教育，它突出教育的选择功能，强调选拔性教育行为，不能适应社会的快速变革、发展，甚至与社会变革发展的要求相悖。

第四，教育对象的少数性。应试教育以考分、升学为指标，把教育中心放在成绩优秀的“好学生”身上，对一般学生关注不够，对学习成绩较差的学生甚至有漠视和放弃现象，而这与时代发展所要求的“教育大众化”的理念是相悖的。

第五，教育效益的近利性。应试教育把升学率作为最重要的考评标准，一切围绕着教材和考试点而展开，教材的编写和考试内容往往不能很好地、及时地反映社会发展和人的发展需求，教育过程无暇顾及社会变革要求和学生自我发展需要，形成了教育效益的近利性——主要追求对考试和升学的有利有效性。

第六，教育评价的单一性。应试教育以分数高低论优劣，以考试成绩论奖罚，以升学率高低论成败，是一种以升学为教育目的、以考试分数为评价标准的教育，造成了怎么考试就怎么教学的局面。

由此可见，应试教育作为一种以升学教育为主导的传统教育模式，本质上是一种忽视教育和人才成长规律、忽视社会发展和人的成长成才需要、忽视人的全面和谐发展的短期效应的选择性教育模式。随着现代经济社会的高速发展、科技文化的加速进步、国家交流的增加、政治制度的日益成熟和人们思想观念的不断更新，这一教育模式已越来越无法适应和满足时代对教育和人才培养的要求。试想，一个只会考试不会学习、个人素养失衡、缺乏创新精神的民族，怎么可能实现科教兴国、人才强国的国策？如此，民族复兴的伟大重任又由谁来承担呢？因此，实施素质教育改革、推行素质教育模式已成为不可逆转的趋势。

2. 辩证对待传统教育与应试教育

提起素质教育，多数人都把它看作一种与传统教育特别是应试教育相对立的教育观念。现实中，不少人甚至把素质教育与传统教育、应试教育绝对对立起来，认为素质教育是对传统教育和应试教育的彻底否定和全面替代，这实际上是一种误解。

不错，素质教育最初是针对传统教育和应试教育提出来的，但就此将素质教育与传统教育、应试教育简单对立起来，是一种浅薄，更是一种错误。因为在传统教育包括应试教育中，虽然存在着不少弊病，但无疑也有不少合理的、积极的、有价值的成分。否则，我们就无法解释传统教育、应试教育为何会盛行多年而不衰，更无法理解这些年来支撑我们国家经济社会发展的众多人才是如何培养出来的。

实际上，素质教育主要是针对传统教育特别是应试教育中的弊病而提出来的，素质教育本身既是对传统教育和应试教育中的好做法、合理成分的继承和坚持，也是对传统教育和应试教育的弊病的克服和矫正，更是对传统教育和应试教育的超越和发展。素质教育是与时代呼唤相伴应、与社会发展和人的发展相适应的最新现代教育理念。

在我国，传统教育泛指在过去的历史时期形成的、具有影响的教育思想、制度和方法。自中国封建社会以来，有儒家倡导的崇尚道德修养、尊师重道、因材施教、循序渐进等教育传统；五四运动以来，有讲求民主、科学、进步，追求振兴中华的教育传统。在我国的传统教育中，虽然存在一些糟粕和弊端，但也保留着不少体现教育规律、符合人的发展需求的教育思想和教育方法。这些都是现代教育包括素质教育必须重视和借鉴的有益成分。实施素质教育改革，不需要把现行教育彻底抛弃，而是用素质教育的理念、标准、方法、要求来审视现行教育的不足，把“分数竞赛”“知识背诵”指挥棒换成“素质培养”指挥棒，给现行教育的“身体”安上素质教育的“灵魂”，实现对现行教育革命性的“改造”，使其脱胎换骨，就能逐步实现现行教育向素质教育的华丽转身。

三、高职院校实施素质教育的必要性

（一）高职院校素质教育的特点及其构成

高等职业教育属于定向的专门教育阶段，主要培养高等级技术技能型专门人才，其素质教育有着自身的构成和特点。

1. 高职素质教育人才培养模式的特征

素质教育以满足人的发展和社会发展需要、全面提高人的基本素质为宗旨，注重人的潜能开发、心理品质培养、思想道德熏陶、科学文化水平提高和职业素养提升，目的是寻求一种更科学的教育途径以实现人的素质的全面发展。

高职素质教育模式就是面向社会需求培养具有三种能力的学生：一是获取新知识的能力，而不是简单的考试得高分的能力，即在教师引导下展开主动思维，从网络、图书馆、生产现场、生活过程等课堂之外的途径寻求自己所需要的知识。二是社会组织的能力，即利用高职的课余时间，尽可能地加入或组织各种学生社团，并在社团中学习制作方案、找到工作重点和难点、获得达成目标的能力。三是融入社会的能力，即毕业生能迅速被社会接纳，并伴随社会发展而获得很好的发展。为获得这三种能力，就必须实施素质教育，主要包括思想道德素质、科学文化素质、专业职业素质和身心素质四大方面的内容。其中，科学文化素质相对于其他方面而言，涵盖了高职学生的人文素养、科学素质、文化品位及审美素质。科学素养和人文素养是科学文化素质教育的重点。为达到素质教育目标，首先要进行教育理念更新，然后要进行教育管理流程再造、课程设置优化、评价体系再建，还要营造良好的校园文化氛围，创建行之有效的素质教育载体，建立高职素质教育集成模型。

高职院校依据学生身心发展的特点，根据个人发展和社会发展需要，围绕确定的素质教育目标，应从思想道德素质、身心健康素质、科学文化素质、职业素质、创新素质等方面架构素质教育体系，实施素质教育。

2. 高职学生素质结构

根据国家对高等教育素质教育的要求，结合高职院校人才培养目标和高职学生身心特点，我们认为，高职学生的素质结构主要包括五方面，即思想道德素质、身心健康素质、科学文化素质、业务技能素质、创新创业素质，它们彼此联系，互为支撑。思想道德素质是核心素质，对其他素质起着统领作用；身心健康素质是基础素质，对其他素质起着承载作用；科学文化素质是支撑素质，对其他素质起着支撑作用；业务技能素质是关键素质，对其他素质起着整合作用；创新创业素质是牵引素质，对其他素质起着超越作用。

3. 高职学生素质教育构成

与高职学生素质结构相适应，高职学生素质教育也由五个方面构成，即思想道德教育、身心健康教育、科学文化教育、职业素养教育、创新创业教育。其中，思想道德教育是灵魂，身心健康教育是基础，科学文化教育是助力，职业素养教育是关键，创新创业教育是动力。

（1）思想道德教育

思想道德教育是高职学生素质教育的灵魂。离开了思想道德素质的统领，其他素质将不知所用，无法驾驭。它主要包括三个方面的内容。其一为思想素质，是指思想认识、思想觉悟、思想方法和价值观念等方面的素质。其二为政治素质，是指政治立场、政治观点、政治信念、政治信仰等方面的素质。其三为道德素质，是指道德认识、道德情感、道德意志、道德行为、道德修养、组织纪律观念等方面的素质。

（2）身心健康教育

身心健康教育是高职学生素质教育的基础。离开了身心健康素质的基础，其他素质将会成为空中楼阁，无所附着。它主要包括两个方面的内容：其一为身体素质，是指人的体质体能和身体健康方面的素质。其二为心理素质，是指认知、感知、记忆、想象、情感、意志、态度、个性特征（兴趣、能力、气质、性格、习惯）等方面的素质。

（3）科学文化教育

科学文化教育是素质教育的支撑。离开了科学文化素质，其他素质将无法站立，失去筋骨。它主要包括三个方面的内容：其一为科学素质，是指科学知识、科学思维、科学认知等方面的素质。其二为文化素质，是指文化知识、文化修养、文化关怀等方面的素质。其三为审美素质，是指审美观念、审美情趣、审美能力、审美追求等方面的素质。

（4）业务技能教育

业务技能教育是素质教育的关键。离开了业务技能素质，其他素质将失去功用，无从体现价值。它主要包括三个方面的内容：其一为专业素质，是指专业知识、专业理论、专业能力、必要的组织管理能力等。其二为技能素质，是指技术水平、业务水平、工作能力等。其三为职业素质，是指职业理想、职业道德、职业纪律、职业精神、合作意识、团队精神等。

（5）创新创业教育

创新创业教育是素质教育的动力。离开了创新创业教育，其他素质将提升乏力、超越无望。创新创业素质包括四个方面的内容：创新意识、创新能力、创业精神和创业能力。

（二）社会发展对高职人才的要求

1. 国家对高职院校学生素质教育的基本要求

从国家层面来看，对素质教育的重视和要求由来已久。1999 年 6 月，中共中央、国务院做出了关于深化教育改革全面推进素质教育的决定，并召开第三次全国教育工作会议，发出了深化教育改革、全面推进素质教育的动员令。党的十八大报告提出："全面贯彻党的教育方针，坚持教育为社会主义现代化建设服务、为人民服务，把立德、树人作为教育的根本任务，培养德智体美全面发展的社会主义建设者和接班人。"党的十八届五中全会通过的《中共中央关于制定国民经济和社会发展第十三个五年规划的建议》中提出："十三五"期间，要使"国民素质和社会文明程度显著提高""人民思想道德素质、科学文化素质、健康素质明显提高"。这些文件都为高职院校新时期、新阶段实施素质教育指明了方向。

2010 年颁发的《国家高等职业教育发展规划（2011—2015 年）》中强调，高等职业教育要"坚持科学定位，以培养生产、建设、管理、服务第一线的高素质技能型专门人才为根本任务"。"高等职业院校要适应经济社会发展的需要，培养生产、建设、服务、管理一线需要的高素质、高技能的人才，培养出合格的社会主义建设者和接班人"。2014 年《国务院关于加快发展现代职业教育的决定》（国发〔2014〕19 号）中强调，"坚持以立德树人为根本，以服务发展为宗旨，以促进就业为导向，适应技术进步和生产方式变革以及社会公共服务的需要，深化体制机制改革，统筹发挥好政府和市场的作用，加快现代职业教育体系建设，深化产教融合、校企合作，培养数以亿计的高素质劳动者和技术技能人才""全面实施素质教育，科学合理设置课程，将职业道德、人文素养教育贯穿培养全过程"。因此，培养"高素质技术技能人才"、培养"合格的社会主义建设者和接班人"，是国家赋予高职院校的重大责任和神圣使命，也是高职院校的共同责任和根本使命。而实施素质教育则成为高职院校教育教学改革和人才培养工作的关键一环。

2. 用人单位对高职学生素质的需求调研

随着市场经济的深入发展，社会经济发展水平的价值取向、经济决策的手段和思维方式对劳动技能型人才的素质需求提出了新的挑战，集中体现于用人单位对高职院校毕业生的期待中，主要表现为以下几个方面。

首先，人文素养是根本。随着现代分工的日益细化，人文素养在就业竞争中表现的优势日益明显，学生在做人做事时表现出的主人翁意识、沟通能力、应变能力、团队合作意识、适应环境能力、爱岗敬业精神等人文素养的高低会影响他们在企业中的交往。在任何一个社会中，有感恩之心的人肯定比过河拆桥的人更受欢迎。人们更喜欢和能换位思考、为他人着想的人相处，还是和自私自利的人相处？答案一定是前者。这些人文素质看不见也摸不着，但会形成一个“场”，决定着个人在职场中的魅力大小，甚至决定其日后的发展高度。在对一些用人单位的调查中，我们看到，对于高职学生的素质能力，企业最为看重的是诚信品质、合作精神与沟通能力，用人“德”为先已成为很多企业的共识。也因此，人文素养在市场对人才的需求中被提到了一个很高的位置，成为高职院校开展素质教育的首要追求。

其次，职业素养是关键。随着职业教育转向内涵发展，学生职业精神与职业素养的培养成为职业教育新的发力点，企业期待的是既具备高超的专业技能又具备良好的职业责任感的综合型人才。职业责任感是一种担当，是一种可贵的品格，它蕴含着个体对职业的热爱与深厚的情感。拥有了职业责任感的员工，他对企业的归属感也会随之增强，主动作为、主动承担的意识也会增强，对企业的忠诚度也会更高，这是任何一个企业都愿意看到的场景。因此，职业素质教育应成为高职教育的自觉选择。

职业素养主要包括职业理想、职业人格、职业精神、职业态度等非技能性职业综合素质。对于高职学生，职业素养事关他们的职业认知水平与岗位适应状况，事关他们的职业生活与可持续发展。从一些走上工作岗位后的学生职业发展情况来看，职业素养高的学生更易于适应岗位、胜任工作、融入企业，更易于为企业所接受，也更易于获得更多的发展机会。

再次，身心健康是保障。身心健康素质教育包括身体素质教育和心理素质教育，良好的身心素质是学生今后从事职业劳动的必备条件，是一个人生存和发展的物质基础和精神基础，它是高职学生素质教育的保证。身体是革命的本钱，是成才立业的基础，健康的身体才能孕育健康的灵魂，如果没有健康身体这个 1，后面加再多的 0 都没有意义。随着社会的高速发展，人们的生存压力越来越大，生活节奏日益加快，精神压力也随之增多，抗压能力就成为衡量一个人是否健康的重要指标。于学校而言，心理健康教育已经成为教育的重点关注领域。因此，加强身体素质的训练、增强心理素质是促进高职学生身心健康的必要途径。要最大限度地引导、帮助学生形成健康的生活方式与有益的行为方式，并开展挫折教育，引导其形成正确的生活态度与积极乐观的人生态度。如此，学生才有可能以身心俱佳的姿态面对未来人生中的风风雨雨，真正成长为一个健康的“社会人”。

（三）高职学生个人发展的必需

高职学生与普通本科生一样，有着当代青年人的共同特征，他们个性鲜明，思想活跃，勇于探索，敢于表现，但理想信念较为缺失，价值取向多元化，以自我为中心，心理承受能力偏弱，缺乏吃苦耐劳的精神等。同时，他们之间的差异也很明显：与本科生相比，高职学生的动手能力、专业技能和社会适应性比较强，但自律意识、文化基础、学习习惯较差，自信心相对不足……在这些特点中，最突出也最需要解决的短板就是其人文素质普遍薄弱，这是提倡高职素质教育的最重要的基点。

目前，高职院校的学生来源比较复杂，有高中生源（分为普通高中和职业高中）、单独招生来源、中专技校深造等，这些学生的文化基础相对比较薄弱，文化素质参差不齐，整体素质水平不高。这使得他们在学习文化基础课程上更加没有兴趣，有的甚至产生厌学的情绪，学习态度相当不认真。在他们的思想意识里，上高职院校就是为了掌握本专业的基础知识和技术，仅仅学好课堂上的知识就可以了，对人文课程并不重视。有的学生直接用功利主义心理来衡量人文素质学科的教育价值，认为其没有多大用处，不能帮助其就业，也不能赚钱，对之十分轻视；有的学生把进入高职院校学习仅仅看作走向工作岗位的一个跳板，对人文学科没有任何兴趣，不愿把时间花在人文知识的学习上，而是把大量的时间花在考取各种计算机、英语、技能操作类的等级证书上；有的学生学习态度不端正，学习目标不明确，他们对人文课程和专业知识的学习都不感兴趣，他们到学校来仅仅是为了享受生活，摆脱父母对他们的各种管制和约束，抱着“混”一个高职毕业证的态度来学习，上课不专心听讲，下课忙着遨游网络，各种违规违纪的现象时有发生；还有的学生虽然完成了人文课程的学习，但仅仅是为了获得相应的学分，从心理上是轻视人文学科的。诸如此类现象的大量存在，导致高职学生的人文素养普遍比较薄弱。

笔者曾经接触过一个学生，专业技能非常强但人文素养非常薄弱，上课一问三不知，还对人文课程不屑一顾，也不会处理和同学的关系，性格非常孤僻，表现出极低的情商，这样优缺点都非常突出的学生在高职院校并不少见，需要引起重视。笔者认为，完满的教育是培养全面的人格而不是片面的“专才”，如果一个人拥有卓越的才华但人格有重大缺陷，那就相当于一个不定时炸弹，随时可能闯下弥天大祸，最终害人害己，高智商犯罪的案例频繁出现就充分证明了这一点。如前文所述那样的同学，即便一时因为超强的专业技能在就业中获取明显的优势，但日后在处理社会关系中可能会处处碰壁进而影响其职业成长。因为人终究是“社会人”，社会性是人的本质属性，人需要通过处理各种各样的关系（与自我的关系、与他人的关系、与社会的关系、与自然的关系）来构建自己的完满生活，完成自己的生命成长。

综上所述，人文素养的缺乏会导致学生德育素质的缺失，而德育素质又决定着人的行为方向和价值取向，起着思想保证、精神动力的作用，是学生素质教育的灵魂。从这个角度来分析，部分高职毕业生在职场的发展高度受限，追根溯源与其不重视人文素养的提升有莫大关系。基于此，笔者认为非常有必要在高职院校实施素质教育来实现高职德育目标，以期为其未来职业发展与人格完善添砖加瓦。接下来，笔者拟以山西交通职业技术学院的教育实践为例，来论证上述观点。

第二节　高职院校素质教育目标体系构建

恩格斯曾经指出："在社会历史领域进行活动的，全是具有意识的、经过思虑或凭激情行动的，追求某种目的的人，任何事情的发生都不是没有自觉的意图，没有预期目的的。"也就是说，人们的活动，特别是社会实践活动，都不是随机开展的，都是有着自己的价值选择和目标追求的。高职院校也不例外，若想构建高职院校素质教育体系，确立目标是其首要任务。

一般来说，目标在人们的活动中具有导向、激励（感召、促进）、整合或控制以及作为评价依据的作用。可以说，素质教育目标是一定素质教育结构的核心，它对于一定的素质教育结构的其他构成要素及其相互关系具有统率作用。依此类推，我们就可以给高职院校学生素质教育目标下定义，它是指高职学生基本素质所要达到的质量和规格，它决定着高职学生素质教育的内容、过程、方法、形式等，是素质教育的出发点和归宿，也是高职德育目标的首要达成任务。高职院校确立学生素质教育目标，必须以学生素质现状为基础，从学生实际和学院实际出发，遵循教育教学规律、学生成长成才规律、素质发展规律，围绕学校的人才培养目标来设定。

一、高职素质教育目标的基本特征

（一）方向性与社会性

高等职业教育作为服务行业企业生产、经营、管理等生产一线的教育类型，向企业提供高素质的技术技能型人才是其天然的责任与义务。故应该站在企业的角度，从企业的生产、经营、管理和发展，从提高企业的生产效率、经济效益，提高企业的市场竞争力等方面思考需要什么素质的技术技能型人才。因此，高职素质教育目标在确立之初，就表现出明显的方向性。这种方向性源于目标的方向性，目标本身就预示着道路和方向。高职素质教育目标就是为了实现高职目标而设，方向性是其基本属性。

黄炎培先生曾深入论述过职业教育与社会的关系，他指出，提倡职业教育的，同时须分一部分精神，参加全社会的运动……职业教育只有在民族解放、民权平等、民生幸福的国家社会里，才能实现它的造福人群的理想。反过来讲，又赖有职业教育的努力，吾们民族解放、民族平等、民生幸福的国家社会才能加速的出现。① 由此可见高职教育与社会联系的密不可分，因而高职素质教育目标的确定，还需要考虑一定社会时期的经济发展、技术变革、政策导向、社会变迁、教育改革等因素，体现出其社会性。这些变化决定着高职教育的社会定位，也影响着高职教育功能的实现与发挥，满足国家和社会对高素质技能人才的需求是高职素质教育目标确立的基本依据。

（二）愿景性和现实性

高职素质教育目标的确立具有愿景性和现实性的特征，并需要在最大限度上实现二者的统一。愿景性是从企业战略研究中借用过来的词汇，原指企业战略目标具有前瞻性和理想性。这里同样适用于高职素质教育，目标本身就是对理想规划的结果。高职素质教育目标是对受教育者经过相应的教育培养之后应该达到的标准和规格的设定，是指向未来的，而且确立的标准和规格相对于受教育者原有的素质水平，是预期的结果，这就决定了高职素质教育目标具有愿景性的特征；现实性则是指高职素质教育目标的设定要从受教育者即高职学生的现实素质水平出发，充分考虑其接受能力、学习能力、适应能力等多方面素质的发展水平而提出，其高度是高职学生经过努力可以达到的，其内容是高职学生可以接受的，其方法是对高职学生有效的，其结果是有助于高职学生成人成才的。现实性是高职素质教育目标具有可行性和有效性的客观前提，也充分体现了一切从实际出发、实事求是的原则。

（三）一致性和层次性

高职教育本身的复杂性及其系统关系决定了高职素质教育目标也是一种系统

① 黄炎培．黄炎培教育文选［M］．上海：上海教育出版社，1985：284.

化了的目标体系。既为体系，则目标具有一致性特征就成了必然要求，否则体系便失去了存在的基础。此处强调一致性，是指在一定的社会中的高职素质教育目标一定要反映该社会的总体要求，反映高职教育总目标的要求，要培养符合社会、企业需求的高素质技能型人才。但仅有一致性还不够，胖子是一口一口吃成的，台阶也要一级一级上。一致性确定了大方向，具体的执行过程还得体现层次性，即在素质教育总体目标下的各级各类的更为具体的目标，如专业目标、课程目标、教学目标、德育目标、实训目标、实践目标等。没有具体目标的依次实现，素质教育的总体目标最终只会成为空中楼阁，二者是有机统一、相辅相成的，一致性与层次性特征符合马克思主义关于人的全面发展学说的真正意蕴。

二、山西交通职业技术学院素质教育目标体系建构

在确立高职学生素质教育目标的过程中，必须紧紧围绕高职学生的培养目标和行业企业对技术技能人才的素质需求来设定，做到有的放矢。近些年来，山西交通职业技术学院在素质教育实践中，围绕学院培养目标和交通运输行业企业对高素质人才的要求，逐渐形成和确立了一系列素质教育特色理念（见图4－2）。

山西交通职业技术学院素质教育特色理念	
育人目标	好品行、高技能、有品位、爱交通
育人追求	为学生圆梦、为家庭造福、为企业添力、为社会和谐做贡献
育人宗旨	以学生为关注焦点，一切为了学生、充分尊重学生、全面依靠学生
育人态度	围绕学生、关爱学生、服务学生，不言学生差、积极想办法
育人要求	坚持立德树人，实施素质教育，构建全员全过程全方位全身心育人格局
育人理念	用素质教育手段打造高素质人才
育人模式	目标引领、阶段培养、活动导向、实践育人
育人文化	打造整洁美雅和的文化、培养整洁美雅和的学生
育人设计	一体化设计、全方位实施、全过程跟进、实践中育人、体验中成长

图4－2　山西交通职业技术学院素质教育特色理念

山西交通职业技术学院根据交通运输行业对高素质技术技能人才的需求，确立了“好品行、高技能、有品位、爱交通”的人才培养目标（见图4－3）。

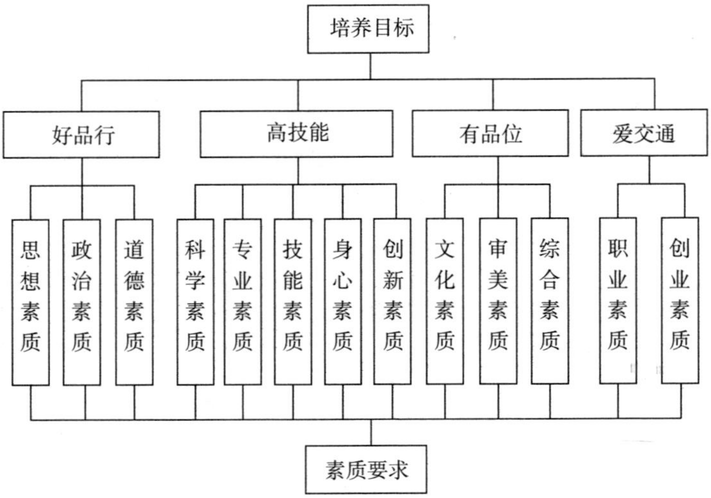

图 4 – 3　山西交通职业技术学院的人才培养目标体系

“好品行”要求学生在思想上树立科学的世界观、人生观、价值观，在政治上确立正确的政治立场和政治追求，在品行上拥有高尚的道德情操和意志品质，侧重于学生的思想素质、政治素质和道德素质培养。

“高技能”要求学生拥有较为广阔的科学理论基础和科学思维，拥有较为扎实的专业理论基础和专业技能，拥有较为强健的身体、心理基础和身心能力，拥有较为自觉的创新意识和创新能力，侧重于学生的科学素质、专业素质、技能素质、身心素质和创新素质培养。

“有品位”要求学生具有健全的人格，具有较为丰富的人文知识和较为强烈的人文关怀，具有较为自觉的审美意识和较为突出的审美能力，具有较为高尚的人生追求和较为健康的生活情趣，侧重于学生的文化素质、审美素质和综合素质培养。

“爱交通”要求学生立志于服务交通运输行业，弘扬行业精神，了解行业企业文化，树立交通运输行业职业理想，塑造交通运输行业职业道德，侧重于学生职业素质和创业素质培养。

基于山西交通职业技术学院学生培养目标和对应的素质要求，学院确立的素质教育目标是提高思想政治修养、养成文明道德行为、塑造健全人格心理、培养健康生活情趣、掌握过硬专业技能、树立良好职业素养、发展创业创新能力（见图 4 –4）。

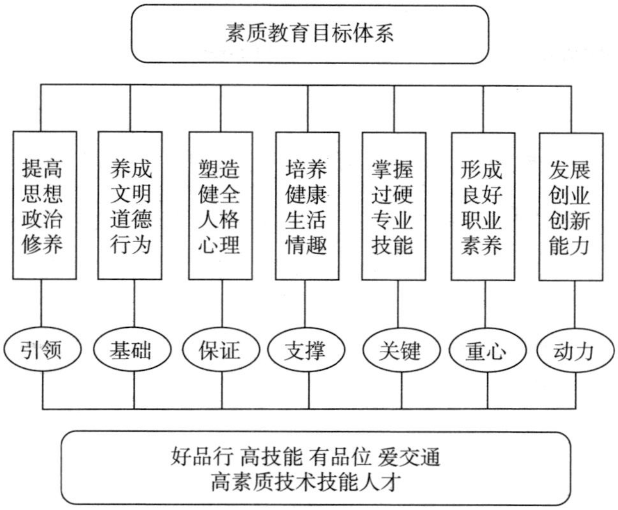

图 4-4 山西交通职业技术学院素质教育目标体系

（一）提高思想政治修养

通过加强思想政治教育，从理论武装、价值引领、实践养成等方面持续推进思想政治教育，守正创新、提质增效，帮助学生掌握马克思主义的立场、观点和方法，树立科学的世界观、人生观、价值观，弘扬社会主义核心价值观，坚持正确的政治立场，坚定中国特色社会主义的理想信念，拥护中国共产党的领导，树立国家观念和民族观念，树立为人民服务的思想，努力担当民族复兴大任，自觉做社会主义事业的建设者和接班人。

（二）养成文明道德行为

通过加强日常教育、日常管理和行为养成，帮助学生提高道德认识、培养道德情感、磨炼道德意志、陶冶道德情操、形成道德行为，帮助学生强化法律意识、纪律意识、公德意识、公民意识，自觉做有道德、有纪律的现代公民。

（三）塑造健全人格心理

通过加强人性、人格、心理教育，帮助学生了解自己、认识自己、接纳自己和完善自己。尊重学生个性，健全学生人格，引导学生自觉加强身体锻炼和心理调适，强健体魄，磨炼意志，努力形成坚忍不拔、乐观向上、奋发进取的品格。

（四）培养健康生活情趣

通过文化教育、审美教育、特长教育和素质拓展教育，提高学生的文化修养，增加学生的人文关怀，引导学生的审美情趣，提高学生的审美能力，挖掘学生的个性潜质，发展学生的兴趣特长，培养学生的生活情趣，丰富学生的生活内容，提升学生的生活境界。

（五）掌握过硬专业技能

通过专业教学和实践训练，夯实学生的专业基础，激发学生的专业兴趣，训练学生的专业技能，提高学生的动手能力，使学生能够很好地对应行业企业岗位群的专业能力需求，成为合格的专业人员。

（六）形成良好职业素养

通过职业道德教育和企业文化熏陶，让学生树立职业理想，塑造职业精神，培养责任担当，养成职业行为，强化组织观念，增强团队意识，恪守职业道德，以便走进职场后能够爱业、乐业、敬业，具有优秀职业人的基本素养。

（七）发展创业创新能力

通过创业创新教育，帮助学生树立创业创新意识，塑造创业创新精神，训练创业创新思维，使学生能够勇敢面对竞争和考验，善于钻研发现，敢于创业创新，以敢为天下先的勇气不断开拓事业新局面，获得发展力，成为国家需要的创新型人才。

以上七个方面的素质目标，搭建起学院的学生素质教育目标体系。其中，思想政治素养是引领，道德行为修养是灵魂，健全人格是心理基础，健康生活情趣是润滑剂，过硬专业技能是支撑，良好职业素养是保障，创业创新能力是动力，七大目标相辅相成，共同支撑起高职学生的“高素质”。

第三节　高职院校素质教育内容体系构建
——以山西交通职业技术学院教育实践为例

对照国家对高等职业教育培养的“高素质技术技能人才”标准，根据交通运输行业企业对“高素质技术技能人才”的素质标准要求，围绕学院“好品行、高技能、有品位、爱交通”的人才培养目标，按照“大类”“中类”“小类”三级划分方法，山西交通职业技术学院把学生素质教育内容架构为“三纲五目十三项”。如表 4－1 所示。

表 4－1　高职学生素质结构表

素质类型	素质类别	核心素质	素质要项	地位作用
基础素质	思想道德素质	思想素质	思想认识；觉悟水平；思想方法；价值观念；理想信念	发展之基
		政治素质	政治立场；政治观点；政治追求；政治信仰	灵魂方向
		道德素质	道德认识；道德情感；道德意志；道德行为；道德修养；组织纪律；法制观念；公民意识；公德意识	统领驾驭
	科学文化素质	科学素质	科学知识；科学思维；科学认知；科学研究	发展保障
		文化素质	文化知识；文化修养；人文关怀；文化传承；文化创新	牵引助推
		审美素质	审美观念；审美情趣；审美追求；审美能力；艺术欣赏；艺术创造	提升品位
	身心健康素质	身体素质	体能体质；健康状况	基础支撑
		心理素质	感知认知；记忆想象；情感态度；意志品质；个性特质；交往沟通	保驾护航
核心素质	职业技能素质	专业素质	专业知识；专业理论；专业能力；专业行为	兴业之本
		技能素质	技术水平；技术能力	
		职业素质	职业理想；职业道德；职业纪律；职业精神；组织管理；团队合作	
发展素质	创新创业素质	创新素质	创新意识；创新精神；创新思维；创新能力；创造发明；创新发展	发展之力
		创业素质	竞争意识；创业精神；创业能力；经营发展	

“三纲”是指从学生基本素质构成看，可把学生素质教育划分为基础素质教育、核心素质教育和发展素质教育等三个大类的教育。

“五目”是指围绕学生的基础素质、核心素质和发展素质，可把学生素质教育进一步划分为思想道德素质教育、科学文化素质教育、身心健康素质教育、职业技能素质教育和创新创业素质教育等五个中类的教育。

“十三项”是指针对学生的思想道德素质、科学文化素质、身心健康素质、职业技能素质和创新创业素质，可把学生素质教育进一步细分为思想素质教育、政治素质教育、道德素质教育、科学素质教育、文化素质教育、审美素质教育、身体素质教育、心理素质教育、专业素质教育、技能素质教育、职业素质教育、创新素质教育和创业素质教育等 13 个项目的教育。

一、基础素质教育

基础素质教育是指对高职学生一般应该具备的基本素质的教育，主要包括思想道德素质教育、科学文化素质教育和身心健康素质教育三个方面。

（一）思想道德素质教育是根本

思想道德素质教育包括思想素质教育、政治素质教育和道德素质教育，它是高职学生素质教育的灵魂，引导着高职学生素质发展的方向，对其他素质起着统领驾驭作用，决定着高职学生的素质修养高度。

1. 思想素质教育

思想是行动的指南，失去了正确的思想和正确的灵魂，做人的许多必需和必备的品质就无从谈起。[①] 高职学生普遍存在的特点是读书少、思考浅，必要的独立思考能力与探索精神不足，因此，思想素质教育迫在眉睫。思想素质教育是指对高职学生的思想认识、觉悟水平、思想方法、价值观念和理想信念等方面的教育培养，要求学生认真学习马克思主义理论，树立科学的世界观、人生观、价值观，树立社会主义核心价值观，具有较高的思想觉悟和思想水平，能够掌握和运用辩证思维方法分析研究问题，具有较为高远的人生理想和追求。

在此方面，山西交通职业技术学院提出了“读中华经典”的育人思路并付诸实践，提出“读、悟、思、行”四字诵读要求，让学生掌握经典诵读方法，树立经典诵读意识，养成经典诵读习惯，并在此基础上创立了“学风杯辩论赛”“师生书画大赛”等十几个学生活动品牌，以期通过系列活动，提高学生思想觉悟和思想水平，帮助其树立科学的世界观、人生观、价值观。

2. 政治素质教育

马克思主义原理告诉我们，人的任何活动都必须符合当下的社会环境，没有人能够超越历史时空而独立存在。同样，人不可能脱离开他所生存的政治环境而空谈理想。习近平总书记也指出：“青年的人生目标会有不同，职业选择也有差

---

① 周建松. 科学构建高职院校素质教育有机体［J］. 职教论坛，2014（7）：48.

异，但只有把自己的小我融入祖国的大我、人民的大我之中，与时代同步伐、与人民共命运，才能更好地实现人生价值、升华人生境界……新时代中国青年要树立对马克思主义的信仰、对中国特色社会主义的信念、对中华民族伟大复兴中国梦的信心，到人民群众中去，到新时代新天地中去，让理想信念在创业奋斗中升华，让青春在创新创造中闪光!"[①] 高职学生亦如此，他们的人生理想终究要在社会主义建设的洪流中实现，因此需要培养提高其政治素养，对其进行政治素质教育。

政治素质教育是指对高职学生的政治立场、政治观点、政治追求和政治信仰等方面的教育培养，要求学生坚定中国特色社会主义的理想信念，树立中国特色社会主义的道路自信、理论自信、制度自信和文化自信，坚持四项基本原则，拥护中国共产党的领导，能够自觉学习掌握党和国家的大政方针，在思想、言论和行动上始终与党中央保持高度一致，在大是大非面前认识正确、头脑清楚、立场坚定。

3. 道德素质教育

我国自古以来的人才选拔标准都是以德为先，恰如北宋史学家司马光所言："才者，德之资也；德者，才之帅也。"因为"人性"的本质是"德性"，一个人如果没有"德性"，其人性也是值得推敲与怀疑的，"德性"是做人的根本。[②] 正所谓德才兼备是"精品"，有德无才是"次品"，无德无才是"废品"，有才无德是"危险品"。对于一个社会而言，"次品"多一些可能会影响发展速度但还能正常运转，如果"危险品"多了，那么这个社会就岌岌可危了。因此，道德素质教育到什么时候都不能放松。

所谓道德素质教育，是指对高职学生的道德认识、道德情感、道德意志、道德行为和组织纪律、法制观念、公民意识、公德意识等方面的教育培养，要求学生加强社会公德、职业道德、家庭美德和个人品德的修养，提高道德认识，树立道德情感，磨炼道德意志，形成道德行为，加强法制观念，加强组织纪律观念，强化公民意识和社会责任感，做有德守法、遵纪行善的合格公民。

也正是基于上述认识，山西交通职业技术学院提出"好品行"的育人目标，开展了"学雷锋精神"系列活动，以期通过"文明学生五做到（见了老师问个

---

① 习近平．在纪念五四运动100周年大会上的讲话［EB/OL］．求是网，2019－04－30.

② 冯玉梓．高职院校学生素质教育内容体系构建研究［J］．职教论坛，2017（9）：53.

好，抽烟习惯要改掉，饭后餐盘收拾好，手中杂物不乱抛，上课不玩手机了）”等行为细节入手，培养学生良好行为习惯，使之通过道德的知、情、意、行发展阶段，循序渐进，增强道德意识，形成道德自觉，真正实现国家“立德树人”之高等教育目标。

（二）科学文化素质教育是助力

科学文化素质教育包括科学素质教育、文化素质教育和审美素质教育，它是高职学生素质教育的保障，对其他素质的形成和发展起着牵引助推作用，决定着高职学生的素质宽度。高职学生的文化知识比较薄弱，科学探究精神稍显不足，因此需要通过一系列实践技能操作活动提高其科学研究兴趣和科学研究能力，增强其对客观世界的改造能力。当前社会所提倡的工匠精神本质上就是科学探究精神与职业敬业精神的完美统一，而高职院校在此方面有着得天独厚的条件，既有提高技艺的实训场所，又有养成精神的文化氛围，理当成为培育工匠精神的主阵地。

1. 科学素质教育

科学素质教育是指对高职学生的科学知识、科学思想、科学思维、科学精神、科学研究等方面的教育培养，要求学生树立科学思想、科学思维和科学精神，提高科学研究兴趣和科学研究能力，理智思维，理性做事，坚持理论联系实际的学风，坚持实事求是的精神，自觉认识和遵从客观规律，不断改造主观世界。

2. 文化素质教育

所谓“观乎人文，以化成天下”，文化可以使人走向更高的精神领域。文化是一种自觉的精神和价值观念体系，它的主导价值在于提升人的精神境界。① 文化素质教育是指对高职学生在自然科学、社会科学、人文科学、思维科学知识方面的学习教育，要求学生广闻博见，尽可能多地学习掌握人类的文明和文化，特别是学习掌握中华传统优秀文化和当代人类先进文化，增强人文关怀，加强文化传承，并在吐故纳新、推陈出新过程中自觉加强文化创新，提高自身的文化修养

① 郑玉清．现代职业教育的理性选择：职业技能与职业精神的高度融合［J］．职教论坛，2015(5)：32.

和文化建设能力。

近几年，山西交通职业技术学院以“校园文化建设”为载体，组织实施了“校园文化育人工程”，并利用新校区建设的契机，规划了交通主题校园，形成“一系一景、一班一情、一室一色、一人一味”的文化建设格局，打造了具有时代特征、行业特点、学校特色的校园文化，以期通过文化渗透达润物细无声之效果。实施该项目以来，学生“三少一多”（即打架少了，考试作弊少了，留校察看处分少了，学雷锋做好事多了）现象得以出现，学生受到企业好评，学校的社会声誉渐趋变好，此即校园文化浸润的结果。

3. 审美素质教育

审美素质教育是指对高职学生的审美观念、审美情趣、审美追求、审美能力、艺术欣赏、艺术创造等方面的教育培养，要求学生树立正确的审美观念，形成健康的审美追求，培养高雅的审美情趣，训练学生的审美能力、艺术鉴赏能力和艺术创造能力，引导学生追求审美生活和诗意人生，开拓心灵世界，提高人生境界。

近几年，山西交通职业技术学院以“高雅艺术进校园”活动为契机，带动学生社团活动发展，构建浓郁的文化活动氛围，引导学生发现美、感受美、创造美，使之成为“有品位”的交通人，大大提升了学生的精神品位，审美素质教育硕果累累。

（三）身心健康素质教育是保障

身心健康素质教育包括身体素质教育和心理素质教育，它是高职学生素质教育的基础，支撑着其他素质的存在，为各项素质的发展起着保驾护航的作用，决定着高职学生的素质高度。

1. 身体素质教育

身体素质教育是指对高职学生的身体健康维护和体质体能训练，要求学生提高身体保健意识，掌握身体保健方法和科学养生方法，训练身体保健能力，提高体育锻炼水平，养成良好生活习惯和体育锻炼习惯，使自己的身体在力量、速度、耐力、灵敏度、柔韧性等方面能够保持良好的机能。

身体是革命的本钱，学生只有拥有了健康的身体，学习的进步与生命的成长才会成为可能。为使军训成果得以保持，山西交通职业技术学院连续 7 年实行自主军训，采取学校管理与学生自治相结合的管理方式，使军训成果得以保持并贯穿于学生的日常生活中，希冀通过此种方式，使高职学生之身体真正成为“载知识之车，寓道德之所”。

2. 心理素质教育

社会的高速发展必然导致快节奏的生活与高压力的心理环境，心理健康已经成为普遍问题，涵盖各年龄段、各行业人员。对此，高职教育不能无动于衷，必须采取相应的措施。高职学生在学业上存在“先天不足”，导致其整体自信心不足，因此非常有必要通过多种方式增强其心理素质。心理素质教育是指对高职学生的心理品质和心理能力的教育培养，要求学生掌握基本的心理学知识，了解自己的个性品质和性格特点，训练自己的感知认知、记忆想象、情感态度、意志品质、交往沟通和心理调适等方面的能力，保持积极健康、阳光开朗的心态，有效掌控情绪，合理处理人际关系，保持良好的心理品质，发展优秀的个性特质，保持人格的完整与和谐。

在此问题上，山西交通职业技术学院选择以“宿舍”为突破口、以“和谐”为追求，提出“创整洁美雅和宿舍、做整洁美雅和学生”“形在宿舍神在人、形神兼备”的文明和谐宿舍创建理念，旨在通过对“宿舍”这个最能体现学生真实生活与心理状态的空间的关注与干预，最大限度地引导、帮助学生确立健康的生活方式与有益的行为方式，从而引导其形成正确的生活态度与积极乐观的人生态度。如此，学生才有可能以良好的心态面对未来的人生。现在文明和谐宿舍创建已成为该院的特色育人品牌。

二、核心素质教育

高职学生的核心素质教育是指能够集中体现其专业修养、技术技能水平和职业素养等方面的素质教育，主要包括专业素质教育、技能素质教育和职业素质教育，是高职素质教育的关键，决定着高职学生素质的厚度。

（一）专业素质教育

专业素质教育是指对高职学生的专业知识、专业理论、专业能力、专业行为等方面的教育训练，要求学生掌握较为系统的专业知识和专业理论，掌握过硬的专业技术和专业技能，具备较强的专业能力，养成规范的专业行为，能够胜任将来的专业工作需要，成为一名称职的专业技术人员。对此，“校企合作、工学交替”是多数职业院校会采取的有效途径，通过此种方式提升学生的专业素养，助力其未来的职业发展。

（二）技能素质教育

技能素质教育是指对高职学生的专业技术、专业技能等方面的教育训练，要求学生熟练掌握专业技术，训练过硬的专业技能，能够依靠所学的专业知识和所掌握的专业技术顺利开展专业工作，解决工作中存在的各种专业问题，能够及时跟进专业技术的演变和发展，不断提高自身的专业素养、技术水平和技能素质，具有较强的专业工作能力。对此，各高职院校通常会通过职业教育活动周、技能大赛等方式来以赛促学、以赛代训，积极促进学生的技能提升。

近年来，山西交通职业技术学院也曾多次举办相关活动，在职业教育活动周上展示了交院学子的风采，学生把在实训室完成的具有科技含量、能展现专业要素的作品与来宾共享，得到了广泛好评。此外，学院还在全国各类技能大赛中多次获奖，促进了学生的专业技能成长。

（三）职业素质教育

随着职业教育转向内涵发展，学生职业精神与职业素养的培养成为职业教育新的发力点，企业期待的是既具备高超的专业技能又具备良好的职业责任感的综合型人才。因为职业责任感是一种担当，一种由内而外散发的品格，它蕴含着个体对职业情感的热爱度与幸福感。[①] 因此，职业素质教育应成为高职教育的自觉选择。职业素质教育是指对高职学生的职业理想、职业道德、职业纪律、职业精神以及组织管理、团队合作等方面的教育训练，要求学生树立正确的职业理想，拥有崇高的职业道德，能够严守职业纪律，担负职业责任，规范职业行为，树立职业精神，塑造职业形象，使自己具有较高的职业综合素养，具有团队合作意识，具备团队协作能力。

三、发展素质教育

高职学生的发展素质教育是指对高职学生应对未来挑战、实现就业创业、实现个人发展等方面的能力素质教育，主要包括创新素质教育和创业素质教育。

---

① 袁建勤，田鸽．高职院校学生职业道德养成路径探析［J］．职教论坛，2017（2）：21.

（一）创新素质教育

创新素质教育是指对高职学生的创新意识、创新精神、创新能力、创造发明、创新发展等方面的教育训练，要求具有开阔的思维、灵活的头脑和总结研究开发的能力，要强化学生的创新意识，培养学生的创新精神，鼓励学生敢于尝试、不怕失败、勇做善为、敢为天下先，使学生朝着创新型人才的方向发展。

（二）创业素质教育

创业素质教育是指对高职学生的创业精神、创业能力、经营管理能力等方面的教育训练，要求学生科学规划职业生涯、树立正确的择业观和事业观，强化竞争意识，强化职业发展理念、经营发展理念和市场开发理念，鼓励学生脚踏实地、乐业敬业、艰苦创业，不断开拓自己的职业生涯领域，推动职业生涯发展。

高职学生素质教育是一个系统的教育训练工程，素质教育的各大内容之间相互联系、不可分割。在素质教育实施中要注意素质教育内容之间的内在关联性和相互支撑性，系统设计，整体推动，以期达到最佳的教育效益。

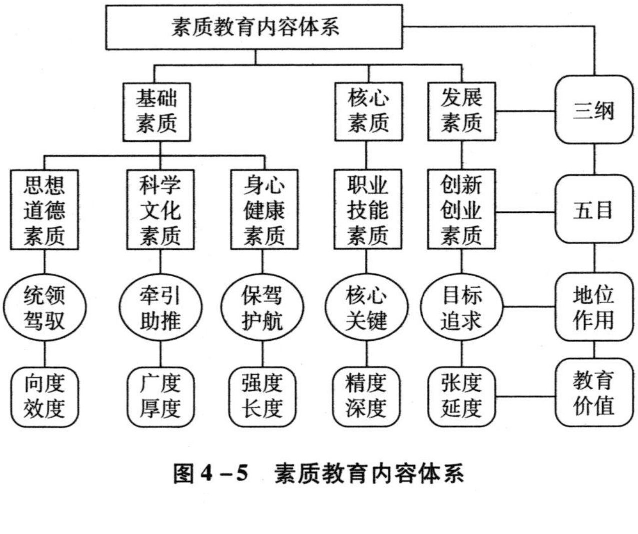

图 4－5　素质教育内容体系

四、高职素质教育内容体系构建过程中应坚持的原则

（一）因材施教：内容选择应立足于学生特点

高职素质教育内容体系设计中坚持因材施教原则，就是要从高职学生的实

际情况出发，突出“以学生为关注焦点，一切为了学生、充分尊重学生、全面依靠学生”的服务宗旨，立足于其自身特点，有的放矢地进行内容选择与设计：目标设定既要符合国家、社会的要求，又应该是高职学生努力后能够达到的，能够扬其长、补其短，有利于其综合素质的提升；内容选择应该根据学生的不同情况分层实施，学生存在文理科、入学文化课成绩不等、兴趣特长不一等实际差异，在选择内容之时应考虑其实际需求，有所选择，有所舍弃，有针对性。

（二）因地制宜：内容安排应着眼于行业发展

高职教育培养的学生是面向生产建设、管理服务第一线工作的高技能人才，具有鲜明的行业特点，学生素质的高低也决定着未来行业整体水平的高低。因此，高职学生素质教育的内容安排，应坚持“为学生圆梦、为家庭造福、为企业添力、为社会和谐做贡献”的办学追求，着眼于行业的发展，做到因地制宜。从行业对技术技能人才的需求出发，架构内容体系。依托校企合作办学模式，实现校企双方的资源共享，培养具有行业气质的一线技能人才，为行业发展与产业、区域的发展储备人才。

（三）因势利导：内容实施应有助于学生成长

习近平总书记曾指出：“抓创新就是抓发展，谋创新就是谋未来。不创新就要落后，创新慢了也要落后。”这值得高职教育者深思，教育是面向未来的活动，培养学生的创新能力是高职教育义不容辞的责任，也是学生未来创造美好生活的必要条件。高职教育培养的学生不仅要面向今天的工作环境，还应具备应对未来工作环境带来的变化的能力，应是具备可持续发展能力的人。因此，高职学生素质教育的内容实施应按照“全身心育人、全过程育人、全方位育人、全员化育人”的工作要求，寻找抓手，确定载体，选择路径，因势利导，为学生未来发展提供助力。

总而言之，高职学生素质教育体系的构建是一个系统的教育工程，它是培养高素质人才的内在需要，也是高校教育教学改革的必然趋势。其内容之间相互联系、不可分割，需要在实践中不断探索与完善，以期达到最佳的教育效益，于学生未来的成长有所裨益。

第四节　高职院校素质教育课程体系构建

对于任何一所学校而言，课程的重要性都是不言而喻的，它是师生共同开展教学活动、建构学习共同体的载体，也是教育思想转化为现实的核心纽带。[①] 鉴于此，山西交通职业技术学院围绕“好品行、高技能、有品位、爱交通”的高素质技术技能人才培养目标，抓住素质教育这根主线，以学生素质培养为核心，以学生素质提升为目标，从教育教学实际、学生学习实际和学生未来发展需要出发，全面构建由“专业课、专业基础课、基础课、素质拓展课和活动课”组成的学院素质教育课程体系，并通过课堂这一“主战场”开展教学活动，对学生实施素质教育（见图4-6）。

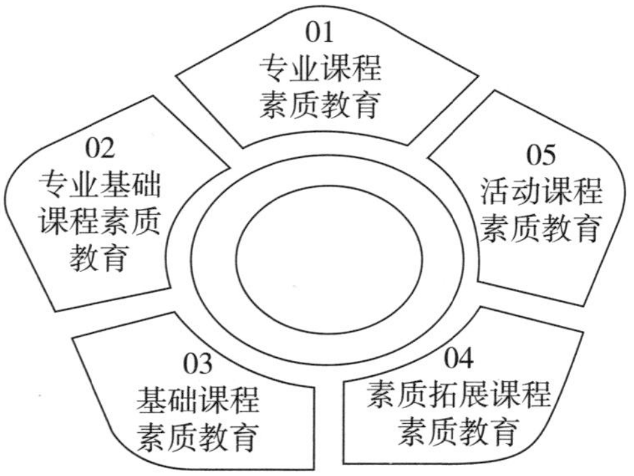

图4-6　山西交通职业技术学院素质教育课程体系

一、专业课程中的素质教育

专业课程是高职院校根据培养目标和专业方向开设的专业知识和专门技能课程，旨在通过传授专业知识，使学生通晓本专业的一般原理，了解本专业的最新科技成果，继而激发专业学习兴趣、训练专业技能、了解专业发展趋势、培养专业能力和提高专业素质。专业教师在进行专业课程教学时，不仅要重视专业知识和专业理论传授，重视对学生的专业技术和专业技能训练，还要重视学生的基本素质和专业素质培养，要立足于学生将来的岗位、工作和职业生涯发展，对学生

① 徐国庆．职业教育课程论［M］．上海：华东师范大学出版社，2010：3-4.

进行针对性的职业素质、职业精神和职业道德教育，把素质教育贯串整个专业课程教学过程中，渗透于每个教学环节中。要在教学大纲和课程目标中明确提出素质教育要求，确立素质教育目标。要在教学过程中针对性地进行素质教育设计和素质教育实施，并在学生专业课程学业测评中进行素质教育目标考核和评定。

二、专业基础课中的素质教育

专业基础课是围绕专业课的学习而设置的必要基础课程，它包含了某一专业的基础理论、基本知识和基本技能的基础课程，包括专业理论基础课和专业技术基础课，是学生掌握专业知识、专业理论和专业技能必修的基础课程，旨在为学生的专业学习奠定直接基础，并培养学生与专业相关的可持续发展能力。专业基础课既是对特定专业普通知识的筛选、集中和提高，又是对相关专业知识的引介和准备。对于学生而言，它不仅是基础知识与专业知识的连接桥梁，更是学习方法和思维习惯的提升，顺利完成专业基础课的学习，对于掌握专业知识，培养专业兴趣有相当重要的作用。① 在专业基础课教学中，教师要明确素质教育目标，兼顾学生的专业学习需要、可持续发展需要和素质提升需要，明确课程教学中的知识、能力、素质关系，注重对学生的理性思维训练、实践能力培养和科学精神塑造，积极探索教学方式和考核方式的改革，凸显素质教育要求，提高素质教育效果。

三、基础课程中的素质教育

高职院校的基础课程是指根据人才培养目标而开设的自然科学和人文社会科学课程，旨在拓宽学生的视野，夯实学生的知识基础，提升学生的文化水平、科学素养和文明程度，完善学生的人格、培养学生的兴趣、开发学生的潜能、发展学生的多方面可能性，进而培育其“人文精神”。高职院校基础课设置要坚持“必须、够用”的原则。“必须”强调要从高素质技术技能人才标准出发，科学分析高职学生的知识能力素质结构，把那些必须开设的自然科学和人文科学课程以“必修课”的形式加以开设。“够用”强调要根据学生的学习时间、知识基础、专业需要、未来就业和工作需要，适度确定基础课的开设数量和内容范围。所有的基础课教学都要围绕学生的“素质打造和素质提升”这个中心，注重对学生的思想、思维、心理、情感、意志、品质、行为、习惯等方面的培养训练，

① 柴福洪，陈年友．高等职业教育名词研究［M］．北京：高等教育出版社，2013：316.

注重知识能力素质之间的内在关系和相互转化，把素质教育落到实处、见到实效。

四、素质拓展课程中的素质教育

为贯彻落实《中共中央国务院关于深化教育改革全面推进素质教育的决定》精神，适应经济社会发展对高层次人才的需求，满足大学生成长成才、就业创业的需要，共青团中央、教育部、全国学联在全国高校联合启动了“大学生素质拓展计划”，要求认真开展大学生素质拓展教育。高职院校要培养出高素质技术技能人才，必须认真实施素质拓展教育，开设和实施素质拓展课程。高职院校素质拓展课程开设要坚持“可持续”原则，即立足于学生未来发展和职业生涯拓展需要，满足学生的自我发展需求，为学生提供尽可能多的素质教育选修课程。素质教育拓展课程的核心理念是“体验激发情绪、行为改变认知、习惯积淀品质”。根据学院实际和学生实际，一年级侧重于环境适应课程开设；二年级侧重于潜能开发课程开设；三年级侧重于职业心态和职业技能课程开设。在素质拓展课程教学中，要紧紧围绕“兴趣引导、潜能开发、素质养成”的教育思路，以选修课、拓展课、专题讲座、社团活动、兴趣小组活动、社会实践活动等多种方式，灵活机动、富有成效地组织和实施素质教育。

五、专项活动课程中的素质教育

按照“全方位、全过程、全员化、全身心”的素质教育格局，围绕“好品行、高技能、有品位、爱交通”的人才培养目标，立足学院的教育教学传统，按照“活动引路、特色育人”思路，系统设计和开展学院的特色育人实践。2010年以来，山西交通职业技术学院已成功开展了“读中华经典、学雷锋精神、创和谐宿舍、做文明学生”的系列育人实践，开展了“自主军训”“毕业生跟踪服务”育人实践，开展了“文明学生五做到”行为养成教育实践，开展了以校园文化建设、高雅艺术进校园和“一系一品”为抓手的“文化育人、艺术养心”教育实践，这些育人活动均取得了良好的育人效果，并逐渐形成了学院的育人特色。以此为起点，学院在未来要不断总结、完善和创新素质教育实践，寻找更多更好的活动育人抓手和载体，进一步凸显素质教育的追求，打造特色育人品牌，走“内涵发展、特色致胜”的素质教育发展道路。

我国的教育，由于专业分得太细、太早，急于培养有用之才，忽视丰富人的精神世界，加之传授为主、内化不足，因此，培养出来的学生虽然具有一定的知识、技术或技艺，但知识面狭窄，能力畸形，缺乏较深厚的素养，特别是缺乏作为现代人的综合素养，尤其是人文素养。① 故而素质教育应该成为高职院校“通识教育”的重要内容之一。人性化的现代职业教育，必须充分重视“全人”的培养，即既要培养会工作的人，也要培养会生活的人。② 高职院校素质教育课程的存在，有两个功能：其一，为满足学生未来的就业需求，使其成为“有工作、会工作”的人。但工作的目的是更好地维持生活，提高生活的质量与生命的质量，简而言之，工作是为了更好地生活。其二，高职素质教育课程还需承担更为重要的社会功能，即培养“能生活、会生活”的人。此时的工作于未来的高职学生而言，不仅仅是满足生存需要的手段，而且是实现其社会价值与人生价值的重要媒介。他们会通过工作，改善自己的经济地位、提高自己的社会地位、获得想要的尊重与价值实现、懂得维护自己的正当权益，成为一个对社会有益的人。这才是素质教育最终要实现的目的，也是素质教育课程设计与实施的意义所在。

第五节　高职院校素质教育教学体系构建

高职院校学生素质教育课程体系建立后，为了确保不同门类的课程都能围绕学生素质培养目标，把素质教育真正落到实处、见到实效，必须建立一套科学有序的教学管理体系，统筹协调各门类课程的素质教育实施。

素质教育聚焦学生素质培养，在课程实施中，教师是主导、学生是主体。因此，相应的高职教学管理体系必须坚持“以学生为中心”和“以学生素质培养为核心”的设计理念。要立足学生素质培养和提升，关注教学计划制订与调整，关注专业课程建设与管理，关注教学过程管理与监控，关注教学效果检测与评估，关注教学整改与提高。要从学生视角出发，关注高职学生群体发展和个性培养，关注教师主导作用和学生主体作用的发挥，关注学生学习表现和生活表现，关注学生学习效果和素质发展。

一、确定高职学生素质培养目标

首先，要围绕高职院校人才培养目标，确定各专业的人才培养目标。

其次，要根据专业人才培养目标，进一步确定本专业的学生素质培养目标，

① 柴福洪，陈年友. 高等职业教育名词研究［M］. 北京：高等教育出版社，2013：71.

② 徐国庆. 职业教育课程论［M］. 上海：华东师范大学出版社，2010：104.

解决好“培养什么人”的问题，形成人才培养共识。

再次，要根据高职学生素质培养目标，确定每门课程（包括专业课、专业基础课、公共基础课、素质拓展课、活动课）的素质培养目标，设计好本门课程的知识目标、能力目标、素质目标，做到“目标明确、心中有数”。

二、科学制订教学计划和教学大纲

要根据高职院校的人才培养目标和各专业的人才培养目标，根据各专业的学生素质教育目标，制订学院和各教学系部的教学计划。要整体规划高职院校和各教学系部的教学活动，对课程设置、教学顺序、教学活动做出明确计划，确保教学活动有序开展、循序推进。

要根据高职院校和教学系部的教学计划要求，制订每门课程的教学大纲。要对本门课程的素质教育目标、教学内容范围深度结构、知识能力素质点、教学进度和学时分配、教学方法和教学要求等做出明确规定。

三、监控教学过程实施

要根据高职院校人才培养目标和素质教育要求，运用现代化智能化方法和手段，加强对教学活动和教学过程的科学管理。要加强对教师的备课、上课、课外辅导、个性引导、作业批改、成绩考评等重点环节的监控，加强对学生的课前预习、课堂听讲、复习巩固、知识掌握与运用、技能训练与提升、素质变化与表现的监控。

教学过程监控，要坚持目标导向、注重质量控制，注重发现存在问题，及时进行整改提高；要坚持结果导向、注重效果分析，善于总结推广好的经验和做法，发挥示范引领作用；要坚持服务导向、注重学生评价，把学生的参与度、关注度、满意度和成长度作为最关键的评价指标；要坚持教改导向、注重教学诊改，把教学诊断、教学整改作为教学管理的重点，推进教育教学的循序渐进和稳步提升。

四、开展教学考核评价

要以素质教育要求为标准，以素质教育考核评价体系为载体，对素质教育教学情况进行全面考核评价。考核评价的重点包括以下几方面。

一是教学目标评价。考核教学目标设计是否符合高职院校和各专业人才培养目标，是否符合素质教育目标，是否符合学生实际，是否具有可操作性，是否将知识目标、能力目标、素质目标有机融合、和谐统一。

二是教学内容评价。考核教师能否准确把握课标、课程内容的重点和难点，教学内容是否密切联系生产生活实践和学生实际、能否激发学生学习兴趣和促进学生积极思维；考核教师能否从教学实际和学生学习实际出发，按照素质教育要求转变教学观念，对教材进行有效整合，创新性地使用教材。

三是教师行为评价。考核教师能否准确定位自己的主导作用和学生的主体作用，是否善于组织和激发学生的学习积极性、主动性、自觉性；考核教师能否对学生正确教育引导，是否注重启发式教学，是否注重培养学生良好的学习习惯和思维习惯、增强学习的创造性；考核教师的教学效果是否能够达标，课堂教学是否严谨高效；考核教师能否发挥表率示范作用，师生关系是否和谐、密切，学生能否亲其师、信其道。

四是学生行为评价。考核学生的学习主体作用是否被激发，学习积极性、主动性是否被调动，求知欲望和探究精神是否得到有效引导，良好的学习习惯、思考习惯是否得到养成，学生之间是否能够开展自主学习和合作学习，学习意识和学习能力是否有效提高。

五是教学效果评价。考核学生素质教育目标是否有效实现，知识、能力、素质目标是否相互融合并整体达标，考核课程思政是否有效渗透，考核学生在学会学习、学会做人、学会做事、学会自我发展、学会合作发展方面是否有明显进步，考核立德树人工作是否落到实处，考核学生满意度、家长满意度、社会满意度和学生就业率、职业发展前景如何。

具体如图 4－7 所示：

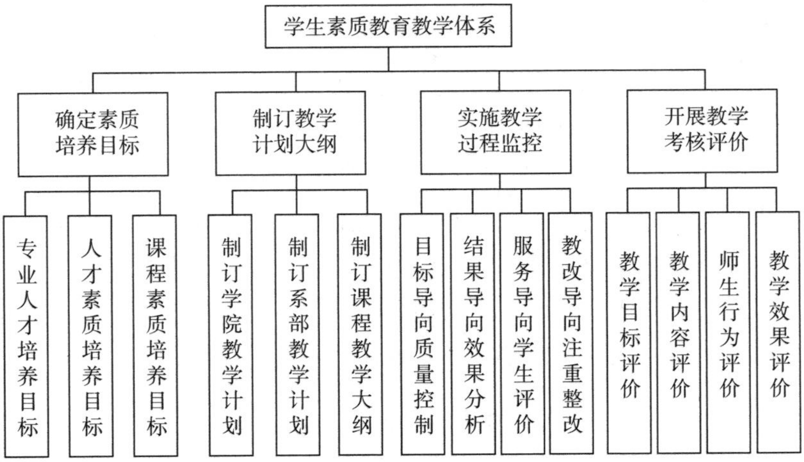

图 4－7　学生素质教育教学体系

第六节　高职院校素质教育考评体系构建

有效的素质教育体系，必然包括目标的制定、过程的实施与考核评价几个过程，缺乏任何一个环节都是不完整的。考评是对工作的检验，亦是对效果的验证。构建高职素质教育考评体系，就是根据高职素质教育目标，运用可行的科学手段，通过系统地收集信息资料和分析整理，对高职院校开展的素质教育活动、教育过程和教育结果进行价值判断，为提高教育质量和教育决策提供依据的过程。围绕高职院校“专业课、专业基础课、基础课、素质拓展课和专项活动课”组成的素质教育课程体系，从学生实际出发，构建高职院校素质教育的考评体系，保证素质教育的长效性。

一、专业教育中的素质考核评价

专业教育的实施是为了能在尽可能短的时间内训练学生具备一定的科学素质，具备一定的专业知识，为未来成为专业人才做准备。专业课的学习有其自身的特点，科学性与系统性较强，因此在评价中需做到形成性评价和总结性评价并重。在平时的学习和测验中，注重对学生的认知水平和学习态度进行考核评价，做好记录；期末考试则重点考察学生的学习成果，通过考试来衡量学生对该学期所学课程的理解、接受程度。在此过程中，形成性评价所占的比重应大一些。

此外，在考核评价过程中，还需充分考虑学生的努力与进步程度，在专业课的考核中，将那些在考试中取得明显进步或进步最大的学生姓名单独张榜公布，予以表彰或奖励；采用灵活、弹性的“延时评分”取代一次性评分（即当教师发现学生作业中的错误时暂不评分，将作业返还学生，让学生自己去发现并纠正作业中的错误，直到正确无误或学生自己满意时才给予最后的评分，或者教师先用铅笔记下第一次作业的评分，允许学生将错误多的作业重做一遍，然后用新的评分取代原始评分）；引导学生参与评价标准的制定，学会对自己的作品进行自我评价，促进其自我反省能力提升等。通过上述评价措施，对学生进行正面的引导与激励。此外，还可以鼓励学生多作纵向比较，即拿过去的自己与现在的自己作比较，并绘出相应的成长曲线，从而激励学生不断追求进步，让其在系统的专业训练中获得适应未来职业所要求的基本理论和实践知识。

二、人文教育中的素质考核评价

目前，各高职院校的人文教育主要通过公共基础课来体现，其体系内容大同小异，基本上都是按照国家的要求所设置的，所选用的教材也是国家指定教材。但这并不代表公共课程的考核评价不能体现高职院校自己的特点。高职学生正处于世界观、人生观、价值观形成的关键时期，公共基础课程尤其是人文课程的考核评价对其发展而言十分重要，决定着学生面对未来人生中的问题所需具备的最基本的人文素养，应谨慎对待。

在公共课的考核评价中，除了最基本的学分考核（即规定课程拿不到学分不准毕业）外，还需要采用一些具有弹性的考核方式。由于人文素质不仅体现于外在的知识形态的人文知识方面，更重要的是体现于内在的价值形态的人文精神上，因此仅以课程中学生记住了多少人文知识来评价人文素质教育的效果是片面、不准确的。需要增强评价方式多元化的合理性，强调实践锻炼、活动体悟对学生人文精神升华的重要性。故而在此类课程中，学生的学习态度与学习行为是考核的重点，通过高职院校的“特色育人工程”与“校园文化工程”得以体现。在对其考核评价中，重点从两个方面来评价：一是通过人文素质教育目标的完成情况来检验人文素质工作的成效，即学生在接受人文教育过程中的个人成长；二是人文素质教育工作在社会上产生的影响，即学生在实习、实践、参加社会活动过程中社会对其整体印象。

三、职业教育中的素质考核评价

职业教育的一个重要特征就是职业性，其教育目标的实现主要通过素质教育拓展课程来实现，其过程更像一个工作过程，但工作过程首先是一个社会过程，它是为职业做准备的。但职业不仅仅是谋生的手段，职业活动也不仅仅是完成工作任务的动作过程，任何一种职业都不是孤立地存在的，而是寓于特定文化背景中的，它本身即是社会要素相互综合作用的自然生成物，因而能综合地反映该社会的价值观念和行为方式，比如劳动的价值、生活的意义、教育的作用、人际交往的原则等。[①] 因此，需要在对学生进行职业技能训练的同时，贯彻培养其职业精神。从学生作为未来的职业人应具备的职业认知、职业态度、职业道德等方面对学生进行考核，全面构建职业道德素养评价体系。首先，实行职业道德素养学分制，并与学生的毕业资格挂钩。其次，实施实习生质量跟踪制度和走访制度，按照产业、企业的职业道德标准规范实习生的职业行为，注重用人单位对实习生职业道德表现的评价。再次，要注意收集毕业生爱岗敬业先进事迹，发挥典型示

① 徐国庆．职业教育课程论［M］．上海：华东师范大学出版社，2010：107.

范教育作用。最后，把职业道德素养作为发展学生党团员和优秀学生干部的考查内容之一，以期对其他学生产生引导作用。

此外，在评价过程中，教师不是评价的唯一主体，技能大赛、顶岗实习、高职院校各类竞赛活动等都可以作为考核评价的依据，评价主体可以更加多元化。而且在这些活动中，学生表现出来的探索精神、创新精神、团队精神、合作意识与沟通交往能力等都可以通过老师评价、同学评价、小组评价与自我评价等多种方式体现出来。

四、专项活动中的素质考核评价

围绕“好品行、高技能、有品位、爱交通”的人才培养目标，山西交通职业技术学院通过三类专项活动来提升学生素养，即学生社团活动、社会实践活动和校园文化建设系列活动，同时建立了相应的考评机制。

学生社团是指学生为了实现会员的共同意愿和满足个人兴趣爱好的需求、自愿组成的、按照其章程开展活动的群众性学生组织。学生社团是高职院校文化建设的重要载体，是高职院校第二课堂的引领者。学生社团活动是学生锻炼自身各方面尤其是社会能力的一个重要平台，有利于学生人格的养成与个性的健全发展，因此其评价也显得相当重要。如果评价得当，对学生是一个很好的激励，能使其组织能力、沟通能力、交往能力等得以提升。

社会实践活动是学生通过假期实习或在校外实习来进行，具有加深对本专业的了解、确认适合的职业、为向职场过渡做准备、增强就业竞争优势等多方面意义，是学生了解接触社会的一个重要途径，与社团活动殊途同归，目的均是旨在通过多方面的锻炼，增强学生各项能力水平的提高。对此，可联系学生实习与实践的企业，建立校企共同参与的素质教育考核小组，对学生素质发展进行评价。同时，指导学生进行自我评价，找出自己在素质实践教育上的加分点，引导学生积极参加各级各类素质教育实践活动。

校园文化建设系列活动是山西交通职业技术学院为打造“好品行”的高质量毕业生而开展的系列专项活动，通过“文明学生五做到”“自主军训”“高雅艺术进校园”等主题活动提升学生文化品位，提高学生行为素养，对其进行文化熏陶、环境滋养。事实也证明，学院的专项活动取得了显著效果，学生各方面的能力素质在潜移默化中都得到了很大提升，毕业后得到用人单位的肯定与好评。

总而言之，素质教育的评价是一个很难面对又不能不面对的问题。评价本身是一种价值判断活动，是对客体满足主体需要程度的判断，它的形式多样又各有利弊，需要结合使用。因此，在对素质教育进行考核评价时，要做到定量与定性相结合、知识与精神相结合、课内与课外相结合、隐性与显性相结合、当前与长远相结合，考核内容可以是课程、活动、实践等，考核主体可以是教师、学生、企业等，建立起一个立体的考核模型，要从动态和发展的眼光看待评价结果，要有人文关怀。科学合理的考核评价是高职院校保证素质教育质量的有效措施，是学生成人成才的助推器。

结　语

从古至今，人类的活动种类在不断增加，教育就是其中的重要活动之一。因为有了教育活动，人类的文化基因才得以代代传承；也因为有了教育，人类的活动与探索范围才能逐步增大，开拓更为广阔的生存空间。因此，从某种意义上讲，教育是人类繁衍生息的必要条件。

但是，教育这种人类活动从诞生之日起，其功能就不是单一单向的，它不仅担负着承“前”的功能，也担当着启“后”的重任，承“前”是为了启“后”。正如著名哲学家雅斯贝尔斯在《什么是教育》中指出的那样：教育是人类灵魂的教育，而非理性知识和认识的堆积。教育的本质是一棵树摇动另一棵树，一朵云推动另一朵云，一个灵魂唤醒另一个灵魂。教育从来就不是简单的知识的灌输，也不只体现在培养孩子的兴趣爱好上，而是给予他们强大的精神世界。它代表着知识的传承、智慧的启迪、心灵的完善和技能的增长，是个体成长、成才、成功的必要助力，是培养“人”的重要手段。同时，它也是社会稳定、国家富强、民族繁荣的必要支撑。

在我们国家，从教育诞生的那一刻起，德育就成为其重要的使命之一。在漫长的封建社会里，“德才兼备、以德为先”的用人机制为社会的有序运行提供了大量人才，维持了千年的社会秩序；在风起云涌的革命年代里，“天下兴亡、匹夫有责”的精神力量激励着无数先烈为了民族、国家的前途命运奔走呼号，可歌可泣、光耀青史；在实现民族复兴的伟大征程中，“空谈误国、实干兴邦”的铿锵号召引领时代青年为实现美好蓝图而努力学习、奋发有为。在我们的民族基因里，精神的力量从来都是强大的、磅礴的、持久的。这种力量的获得离不开长久以来这个民族和国家对于德育的重视和坚持，它帮助我们走出了曾经的苦难，也必然助力我们走向未来的辉煌。

回归教育本身，教育活动的本质在于“育人”，塑造人的灵魂是其不懈的使命。党的十九大报告指出，立德树人根本任务的确立，体现了中国特色社会主义教育的价值取向，实现了“成人”与“成才”、素质教育与专业教育的有机融合。“立德”与“树人”是辩证统一体，立德是树人的前提和基础，树人是立德的目的与归宿，立什么样的“德”决定了树什么样的“人”，树什么样的“人”体现了立什么样的“德”。立德与树人，核心是重视“立德”，重视道德教育。实现这一目标，高职教育责无旁贷。在过去的岁月中，高职德育为实现高职教育目标立下了汗马功劳。但成绩总是过去的，未来仍需披荆斩棘，奋斗不止。正如习近平总书记在2018年博鳌亚洲论坛年会开幕式上的主旨演讲中提到的那样，“虽然我们已走过万水千山，但仍需要不断跋山涉水”。在未来的教育征程中，德育作为高职教育完成灵魂塑造的重要手段，必然要发挥其无可替代的作用，其内容多是学生成长所必需的人生营养。这些“营养”该如何选择、如何搭配、如何加工、如何呈现才能最大限度地为学生所吸收，这是一个值得我们每一位高职德育工作者去继续探索、认真思考的问题。

参考文献

［1］高德胜．道德教育的时代遭遇［M］．北京：教育科学出版社，2008.

［2］马长世，黄立营，等．整体构建高职院校德育工作体系［M］．北京：中国矿业大学出版社，2007.

［3］吴式颖．外国教育史教程［M］．北京：人民教育出版社，2006.

［4］冯玉梓．高职“思想道德修养与法律基础”课教学生活化研究［D］．成都：四川师范大学，2011.

［5］张珂．多元文化影响下大学生价值取向的分析与引导［D］．上海：华东师范大学，2012.

［6］郑金洲．教育文化学［M］．北京：人民教育出版社，2000.

［7］黄济，王策三．现代教育论［M］．北京：人民教育出版社，2001.

［8］马建富．职业教育学［M］．上海：华东师范大学出版社，2008.

［9］［美］贝迪阿·纳思·瓦尔马．现代化问题探索［M］．周忠德，严矩新，编译．北京：知识出版社，1983.

［10］柴福洪，陈年友．高等职业教育名词研究［M］．北京：高等教育出版社，2013.

［11］全国十二所重点师范大学联合编写组．教育学基础［M］．北京：教育科学出版社，2008.

［12］习近平．习近平总书记系列重要讲话读本（2016 年版）［M］．北京：人民出版社，2016.

［13］本书编写组．思想道德修养与法律基础［M］．北京：高等教育出版社，2018.

［14］习近平．习近平谈治国理政［M］．北京：外文出版社，2018.

［15］中共中央文献研究室．十八大以来重要文献选编［M］．北京：中央文献出版社，2016.

［16］张澎军．德育哲学引论［M］．北京：人民出版社，2002.

［17］鲁洁．道德教育的当代论域［M］．北京：人民出版社，2005.

［18］爱弥儿·涂尔干．道德教育［M］．陈光金，等，译．上海：上海人

民出版社，2006.

［19］瞿葆奎，钟启泉．教育学文集·日本教育改革［M］．北京：人民教育出版社，1991.

［20］陶行知．陶行知教育文选［M］．北京：教育科学出版社，1981.

［21］高德胜．生活德育论［M］．北京：人民出版社，2005.

［22］中共中央宣传部，教育部．中共中央宣传部、教育部关于进一步加强和改进高等学校思想政治理论课的意见［Z］．2005－02－07.

［23］丁锦宏．教育学［M］．南京：南京大学出版社，2003.

［24］王炳照，等．简明中国教育史［M］．北京：北京师范大学出版社，2001.

［25］徐国庆．职业教育课程论［M］．上海：华东师范大学出版社，2010.

［26］中共中央国务院．关于深化教育改革全面推进素质教育的决定（中发〔1999〕9号）［Z］．1991.

［27］中央组织部，人力资源社会保障部．高技能人才队伍中长期规划（2010—2020）［Z］．2010.

［28］石新明．大学生素质拓展计划理论与实践［M］．北京：中国青年出版社，2009.

［29］曹坚，向晓蜜．大学生心理素质培养与发展［M］．北京：中国电力出版社，2011.

［30］艾四林．思想政治理论课新体系与教师队伍建设研究［M］．北京：清华大学出版社，2008.

［31］陈善卿，张炳生，新国俊．生活德育论［M］．长春：东北师范大学出版社，2005.

［32］杜威．学校与社会·明日之学校［M］．赵祥麟，等，译．北京：人民教育出版社，1994.

［33］高德胜．知性德育及其超越——现代德育困境研究［M］．北京：教育科学出版社，2003.

［34］鲁洁．道德教育的当代论域［M］．北京：人民出版社，2005.

［35］宋农村．生活教育与德育［M］．南京：南京师范大学出版社，2006.

［36］唐汉卫．生活道德教育论［M］．北京：教育科学出版社，2005.

［37］中共中央，国务院．关于进一步加强和改进大学生思想政治教育的意见［Z］．2004.

附　录

附录一：学生调查问卷

亲爱的同学，您好！

为了深入了解高职院校德育课程的实施情况，进一步做好相关工作，我们进行这次抽样调查。所有问卷均为匿名，数据仅用于统计研究，请您按照您的真实想法和实际情况作答，答卷时只需对所选选项打“√”即可，谢谢您的合作！

您的性别：1. 男（　）　　2. 女（　）

您的年级：1. 一年级（　）　　2. 二年级（　）　　3. 三年级（　）

您的专业：1. 文科类（　）　　2. 理工科类（　）　　3. 艺术类（　）

1. 您认为在高职院校开设德育课程（　　）

A，非常有必要　　B. 有必要　　C. 不太必要　　D. 没必要

2. 您认为高职院校开设德育课程对大学生生活的帮助（　　）

A. 非常大　　B. 大　　C. 不大　　D. 根本没有帮助

3. 您对德育课程感兴趣吗？（　　）

A. 非常感兴趣　　B. 感兴趣　　C. 不太感兴趣　　D. 反感

4. 您上德育课程的主要原因是（　　）

A. 是必修课必须上　　B. 提升道德素养

C. 被老师所授内容吸引　　D. 应付考试拿学分

E. 受学校课堂纪律约束　　F. 可以学到一些生活知识

5. 您对德育课程教学效果的总体印象是（　　）

A. 非常满意　　B. 满意　　C. 一般　　D. 不好

6. 您认为学校的德育课程的内容与学生实际生活的联系是否紧密（　　）

A. 非常紧密　　B. 一般紧密

C. 不紧密　　D. 完全脱离学生生活

7. 如果德育课程是选修课，您认为同学们选修的情况是（　　）

A. 同学基本不会选修　　B. 很少有同学选修

C. 大部分同学会选修　　D. 绝大多数同学会选修

8. 您在德育课程课堂上的表现（　　）

A. 心不在焉　　B. 看课外书、聊天或打瞌睡

C. 只听老师讲，不做笔记　　D. 认真听讲并做笔记

9. 您当前感到最困惑的问题是什么？（　　）

A. 学习问题　　B. 人际关系　　C. 恋爱问题　　D. 就业问题

E. 心理问题　　F. 其他

10. 您认为德育课程是否有助于解决您面临的问题？（　　）

A. 很有帮助　　B. 有一点帮助　　C. 没什么帮助

11. 您认为德育课程最好的授课方式是（　　）

A. 讲授　　B. 讨论　　C. 实践

D. 上述几种方式的结合

12. 您认为德育课程的教学目标设置（　　）

A. 完全符合学生现实情况　　B. 部分符合学生现实情况

C. 完全不符合学生的实际情况

13. 您在学习德育课程时教师使用最多的教学方法是（　　）

A. 讲授　　B. 讨论　　C. 实践教学

14. 您认为您在德育课程上有哪些方面的收获（　　）

A. 学习方面　　B. 为人处世　　C. 心理调适

D. 道德修养　　E. 法律知识　　F. 以上都有

15. 您对德育课程的教学评价方式是否满意（　　）

A. 很满意　　B. 比较满意　　C. 不满意　　D. 很不满意

E. 无所谓

16. 您认为德育课程教师是否了解您的生活学习现状（　　）

A. 完全了解　　B. 部分了解　　C. 完全不了解　　D. 漠不关心

17. 您认为德育课程教学中存在的最大问题是（　　）

A. 自己不感兴趣　　B. 其他方面　　C. 内容问题　　D. 方式方法问题

18. 有的学生在德育课堂逃课，您认为最主要的原因是（　　）

A. 对本门课程不感兴趣　　B. 教学内容脱离学生生活

C. 有更重要的活动　　D. 老师讲授效果不好

E. 与专业学习关系不大

19. 您认为德育课程教师需要具备的素质（可以多选）是（　　）

A. 有广博的知识　　B. 有人格魅力　　C. 有学术造诣

D. 有责任感　　　　E. 有较强的教学能力

20. 有的教师授课效果不佳，对学生缺乏吸引力，您认为主要原因是（　　）

A. 所授内容脱离学生生活，不能解决其实际问题

B. 语言表达能力欠缺，导致课堂气氛沉闷

C. 理论深度不够，对本学科的知识掌握得不够好

D. 教学方法太单一，难以激发学生学习兴趣

21. 您认为德育课程带给您最大的收获是什么？（请填写）

22. 您对加强和改进德育课程建设的意见和建议？（请填写）

调查到此结束，谢谢支持！祝您一切顺利！

附录二：访谈提纲（参考）

教师访谈提纲

一、关于课程设计

1. 您如何理解高职德育的课程设置？

2. 您如何理解高职德育课程教学目标的设置？

3. 总体评价，您认为高职德育课程的内容设置对学生的发展有何帮助？

二、关于课程内容

4. 您如何理解教材内容，章、节之间的关联？您认为其中哪些章节的知识对学生更为重要或者更加容易生活化？

5. 您如何选择上课的内容，是完全按照教材的体系来讲授还是按照自己的体系来讲授，抑或套用教材体系填充自己搜集的内容？您的 PPT 或者教案可以借我观摩吗？

6. 您对您所教的学生的生活现状了解多少？他们面临哪些困惑需要帮助，您打算通过什么方式帮助他们？

三、关于课程实施和评价

7. 您通常采取什么样的授课方式？您如何评价该种方式？您认为理想状态的教学策略应如何选择？

8. 您通常采用何种方式来对学生的学习进行评价？您认为这种评价方式有无达到预期的教育效果？请说明“有”或者“无”的理由。

9. 如果您认为现有的评价方式还有不足，那么请您谈谈您的理想的评价模式。

学生访谈提纲

1. 您认为高职德育课程带给您的收获大不大，谈谈您对德育课程的理解。

2. 您认为教师的教学方式好不好？如果不好，您期待什么样的教学方式？

3. 您对教师的评价方式是否满意？它能否反映学生的真实水平？如果不满意，您认为什么样的评价方式比较好？

附录三：学生问卷开放式问题回答摘录

一、您认为德育课程带给您最大的收获是什么？

提高思想道德素质，了解一些法律知识，学到为人处世的知识；

懂得了许多人生道理，解决了不少困惑，也明白了做人的道理；

明白了如何做人，成为一个有责任心、受人欢迎的学生；

了解时事政事和一些理论思想；

学会了分析问题和自我调控；

学习方面，增加了知识，增长了见识，开阔了视野；为人处世方面，学到了许多处理人际关系的技巧和方法；心理方面，懂得了适度放松心态，调节身心，使自己更健康；道德方面，道德修养进一步提高，也懂得了法律知识；

懂得了为自己的人生做规划，学会了思考自己的过去和未来；

教给了我日常生活中不注意但是很重要的思想，对处理生活问题有一些帮助；

教学内容脱离实际生活，没有收获；

生活中的诸多常识，我国现阶段的时事热点，还有关于心理修养的知识，培养我们积极的人生态度；

正确的思想价值观和人生观，树立正确的人生目标，做人的基本道德修养，正确的政治观和思想认识；

学到最基本的法律常识，懂得了怎样做人、怎样处理人际关系，怎样解决最常见的就业问题；

提高思想道德素质和境界，开阔眼界，增长知识；

多了解一些大学生中常见的问题和社会问题；

就业问题；

处理人际关系的方法，清楚自己的权利和义务以及社会、经济、就业发展趋势；

学会交流，了解生活；

学到生活知识，了解历史，对生活工作和学习有一定帮助；

提高思考和解决生活问题的能力；

法律知识，帮助解决生活问题，思想道德知识，提高自身修养；

与实际相关，可以解决我们的根本问题，从实际出发；

学到道德修养、礼仪、个人的觉悟有所提高；

学会做人的根本准则，敢于正视现实生活中面临的问题，勇于解决生活中的问题；

懂得社会生活准则，懂得怎样立足社会、怎样在社会中有较好的人际关系、怎样提升个人素质；

学到人与人之间的交际，说话，表达能力；

如何更好地进行人际交往，如何更好地把所学知识运用到现实生活中；

怎样处理人际关系，学到了与实际生活联系紧密的知识理论；

人生观、世界观、价值观、恋爱问题的处理，政治思考；

生活中可以用到的方法，做人的责任与义务，提高个人素质；

书本上学不到的生活常理，从实际情况出发，讲述社会热点问题；

学到做人的道理；

学到专业课以外的一些对自己有影响的励志语言，提高个人素质；

交际能力有所提高，调适心理的能力见长；

解决了我大学以来遇到的困惑，使我明白了怎样做一个学以致用、具备敏锐观察力的大学生，拓宽了我的视野，给我指引了新的方向，让我对自己未来的奋斗目标更有信心；

二、您对加强和改进德育课程建设的意见和建议是什么？

多看一些相关视频，讲一些毕业后与现实相符的法律法规；

应适当播放相关视频资料让同学们讨论；

放育人电影，更多联系生活；

用事实说话，理论联系实际，案例分析教学；

增加讨论环节；

针对就业问题，不讲大道理；

增加实践教学，结合生活；

能够尽可能地接近现实生活，能够用所学知识解决实际问题，尽可能与专业学习挂钩，解决就业中面临的问题，提供具体的理论指导；

改变单一、陈旧的教学方式，激发学生兴趣；

多讲一些与生活息息相关的问题，让同学们感到德育课程是我们生活中必不可少的；

课堂气氛要活跃；授课内容要充分扩展，走出课本与实际生活尽可能地多联系；加强师生互动，突出每节课的中心任务与思想内涵；

加深宿舍，同学课余生活教育力度；课本有些内容不实用，多联系生活实际；

建议学校给学生创造了解社会信息的环境；

进行互动式教学模式，增加学生锻炼口才与交流沟通能力的机会；

要把“先做人、后成才”的思想灌输到每位同学心中；

多带领学生走出校园，进行校外实践，增加生活体验；

教学内容需加强改进，应该适应时代变化；减少口号，适度结合生活，点滴看世界；

把单纯的讲授变为适当的互动，用虚拟实践的方式增加学生对所授内容的理解，改变理工学院死板的教学模式；

联系实际，加上实践，使学生印象深刻，老师应夹杂一些生活问题，提高学生学习兴趣；改变授课方式，不要只是老师讲、学生听；

授课方式需要改变，老师应充分调动学生积极性，且在授课中多增加生活中的例子，使得内容通俗易懂，又能激发学生兴趣，老师能与学生多多交流，交换想法，合作默契；

多讨论，多实践，多结合实际；

老师上课要有感染力，思想开放，教材不要太单调，应有案例，可以通过讨论看影片等形式来了解国情，而不只是枯燥地背书；

授课内容乏味，不必向学生灌输政治知识，毕竟政治不是每个人今后的发展方向；

不要课本的条条框框，发挥学生主动性，可以畅所欲言，组织看有意义的电影资料等；

实践中学习，理论结合实践；

结合现实社会来授课，多讲实例；以讲故事的形式授课；

改变学生对德育课程的认识，改变单一陈旧的授课方式，寻找新颖的方式；

多参加实践和社会活动等，比如去孤儿院做义工等；

希望老师可以更加生动地讲历史，以便更好地指引未来；

结合生活实际的具体案例；理论与实际相联系，多实践；

……